SILVIO PELLICO

ADELLO

CANTICA
DI AMBIENTAZIONE MEDIEVALE

EDIZIONE CRITICA A CURA DI CRISTINA
CONTILLI

IN APPENDICE LA RIPRODUZIONE FOTOGRAFICA
DEL MANOSCRITTO CONSERVATO
NELL'ARCHIVIO STORICO DEL COMUNE DI
SALUZZO

1

Lulu.com

3101 Hillsborough Street

Raleigh, NC 27607

USA

Printed in 2014.

LE ILLUSTRAZIONI SONO RIPRODUZIONI DI
DIPINTI DI FRANCESCO HAYEZ AD
AMBIENTAZIONE MEDIEVALE

LE FOTO DEL MANOSCRITTO DELL'ADELLO
SONO DELLA DOTTORESSA GIANCARLA
BERTERO CHE RINGRAZIO PER LA PREZIOSA
COLLABORAZIONE

NOTA DELLA CURATRICE: UN MEDIOEVO DI MANIERA TRA RICORDI AUTOBIOGRAFICI ED ECHI DEL BERCHET

Silvio Pellico ha composto nel corso della propria vita diverse cantiche di ambientazione medievale, rispecchiando in questa scelta il gusto e lo stile della cultura romantica di cui è stato in Italia uno dei principali esponenti.

In questo senso è evidente il debito nell'Adello del Pellico nei confronti del Berchet e del suo trovatore che, innamoratosi della signora del castello in cui vive, se ne allontana, per non tradire la fiducia del proprio padrone e non compromettere la donna amata.[1]

Allo stesso modo il giovane Adello, lasciata l'Italia per approdare alla corte dell'imperatore Ottone sulle rive del Reno, si innamora di sua figlia Eloisa, ma parte per la guerra, dopo essersi lasciato sfuggire la confessione dei propri sentimenti.

In questo il personaggio del Pellico appare più realistico di quello del Berchet, riflettendo probabilmente l'esperienza autobiografica dello stesso Pellico che, innamoratosi della cugina, quando era ospite di uno zio materno a Lione, non aveva saputo nell'ingenuità della giovinezza nascondere i propri sentimenti.[2]

E, infatti, così conclude in tono accorto Adello la propria confessione ad Eloisa:

"Pensava Adel, la mercè ingrata è questa

---

[1] "Va per la selva bruna / solingo il trovator / domato dal rigor della fortuna. / La faccia sua sì bella / la disfiorò il dolor; / la voce del cantor / non è più quella. / Ardea nel suo segreto; / e i voti, i lai, l'ardor / alla canzon d'amor / fidò indiscreto. / Dal talamo inaccesso / udillo il suo signor: / l'improvido cantor / tradì se stesso. / Pei dì del giovinetto / tremò alla donna il cor, / ignara fino allor / di tanto affetto." (Testo tratto da: http://www.treccani.it/magazine/strumenti/una_poesia_al_giorno /02_10_Berchet_Giovanni.html)

[2] Nel 1806, dopo il fallimento dell'attività commerciale gestita dal padre, Silvio Pellico viene inviato a Lione presso un ricco zio materno. Egidio Bellorini ha ipotizzato che durante questo soggiorno il Pellico si sia innamorato della cugina e abbia vissuto un amore infelice come quello che vive il trovatore Adello nell'omonima cantica, composta dal Pellico durante il periodo del processo e pubblicata a Torino nel 1830 (E. BELLORINI, *Spigolature pellichiane. I primi amori di Silvio Pellico*, Saluzzo, Tipografia Bovo e Baccolo, 1903).

4

Ch'io rendo al mio signore? a lui che tanti
Su me profuse beneficii e pegni
D'amistà nobilissima ed esempi
Alti d'onor? Così rammento i cenni
De' genitori miei, la veneranda
Storia de' lor martirii e come in venti
Ben più gravi sciagure immolàr tutto
Fuor che lor fede a' cari prenci e al dritto?"

All'epoca delle ricerche di Egidio Bellorini che identificò Eloisa con il misterioso amore lionese del Pellico non erano ancora state scoperte, però, le lettere dello stesso Pellico all'amico Ferdinando Rossi di Vandorno dell'estate del 1819 che rivelano il suo amore per la marchesina Cristina Trivulzio, promessa sposa al conte Luigi Archinto. Se nel luglio del 1819 la contessa Teresa Casati Confalonieri sapeva, come rivela una sua lettera al marito, che l'Archinto aveva chiesto la mano della Trivulzio e dava per certo ormai il loro fidanzamento, è ragionevole pensare che anche Pellico fosse a conoscenza di questa notizia che circolava nei salotti milanesi e che fosse consapevole dunque dell'impossibilità del proprio amore.[3]

---

3 "Archinto ha scritto da Amsterdam a suo padre ed alla Trivulzio, a! primo per domandargli formalmente il di lui assenso per il matrimonio, ed alla seconda per autorizzarla a parteciparlo ai parenti; la nuova ha corso già tutta Milano." (Questa citazione è tratta da una lettera contenuta nell'edizione del Carteggio del conte Confalonieri, curata da Giuseppe Gallavresi. La lettera porta l'indicazione archivio Casati – Cologno Monzese e la data con l'anno tra parentesi quadre è 14 luglio 1818, ma la datazione è errata di un

La differenza sociale che separa nella cantica Adello ed Eloisa sembra inoltre riflettere meglio la differenza che divideva Pellico dalla Trivulzio, mentre paragonare la figlia del ricco zio lionese ad una principessa (la Trivulzio godeva di questo titolo oltre che di quello di contessa) appare eccessivo. Lo zio materno era ricco e sicuramente aspirava per la figlia ad un partito migliore del Pellico, figlio di una cugina che aveva sposato un droghiere fallito, fuggito dal Piemonte per debiti, ma la differenza era di tipo economico, non di appartenenza sociale.

Che Eloisa sia la signorina Tournier, cugina materna dello scrittore, che si è sposata a Lione nel 1807 oppure la marchesina Trivulzio che si è sposata a Milano nel 1819, resta per noi lettori il lascito di questi versi in cui Adello esprime tutta la forza del ricordo impresso in lui dalla donna amata:

"Un celeste idïoma era [quello di Eloisa], onde i pochi
Predestinati cuori han conoscenza
Che amaron come Adello, e un'Eloisa
Sulla terra trovarono, e una volta
Piansero insieme, e da quel dì migliori
Si sentir--benchè forse, ahi, più infelici!
Ella accenna infrangibil l'imeneo
Che del suo padre la saggezza ha fermo,
E dice sacro quel dover che legge

---

anno perché la Trivulzio si è sposata nel novembre del 1819 dopo alcuni mesi di fidanzamento, come attestano i versi che le ha dedicato Vincenzo Monti nell'autunno di quell'anno. Per consultare l'edizione digitalizzata del Carteggio del conte Confalonieri: http://archive.org/details/carteggiodelcont00conf)

A entrambi lor fa il separarsi e pace
Ricercar nell'assenza: e poi soggiunge
Con enfasi gentil quanto l'uom possa
Sublime farsi nel dolor, se invitto
Ai colpi di fortuna animo opponga..."

NOTA INTRODUTTIVA DEL PELLICO

Questa cantica è divisa in tre parti. La prima si riferisce ai tempi di Berengario I, negli ultimi anni del suo regno, e ai tempi del breve regno di Rudolfo in Italia: la seconda verte sulla prima impresa d'Adello, regnante in Italia Ugo di Provenza succeduto a Rudolfo: la terza scorre sovra alcuni tratti della vita di Adello, che possono riferirsi ai tempi di Ugo, e d'alcuni fra i successori di questo, cioè Lotario suo figlio, Berengario II marchese d'Ivrea, Ottone I, ecc.; giacchè è detto che Adello morì vecchio.

ADELLO.

I.

Quando oltre l'Alpi il giovinetto Adello
Dal povero movea tetto paterno,
Pria di varcarle, un guardo all'orizzonte
Natìo rivolse e pianse: e rammentando
De' genitori la virtù e l'affetto
Ripetè il pronunciato innanzi a loro
Fervido giuramento.--
   «Ah, no, al tuo nome,
Patria degli avi miei, nè al vostro, o santi
Parenti alcun disdor l'opre d'Adello
Non recheranno mai! Verrà in Italia
Il cortese straniero, e dirà--Pace,
O terra, di gentili alme nutrice!
 Poi la via proseguì.--Scudiero al vecchio
Suo consanguineo ei già che, di possanza
Ricco e di fama, appo Lïon, sui colli
Della Sonna fioriti e sulla Rocca
Incisa dominava. Al giovinetto
Accoglienza amorevole il canuto
Giorgio far si degnò. Molto gli parla
De' cari genitori, e si compiace,
Perocchè del garzon commossa uscìa
Dal cor la voce, e gli soggiunge--«Il cielo
Non prosperò del padre tuo i destini,
Ma un ospite leal diegli, un amico
Che a lui la destra, e a chi da lui ne venga
A stender pronto è ognor.»
   Quell'onorata
Destra baciava Adello, e umile e fida

Servitù prometteva al suo signore.
 Degli antichi scudieri e famigliari
Già l'ossequio acquistossi il verecondo
Italo garzoncello: e i cavalieri
Col sir congratulavansi e le dame
Per l'onestà del nuovo alunno: e lieto
Questi fra sè dicea: «Giungervi possa
Autori de' miei dì, quanto il lontano
Vostro figliuol dagli stranieri è amato!»
Ma di Giorgio crescea la bionda figlia
E di beltà un miracolo e d'amore
E di grazia era, e di virtù, Eloisa:
Ambìan la mano sua molti di Francia
Illustri cavalieri, e al prode Arnaldo
Il padre la destina. Era negli occhi
Della fanciulla e sulle labbra un pronto
Di cortesìa e candor nobil sorriso,
Ch'ove volgeasi consolava: e quando
Ella uscìa del castel, gl'infimi servi
E il passeggiar mendico avidamente
A mirarla si feano, e ognun tornava
Più sereno al suo ufficio e a' suoi dolori.
Ma quel tenue sorriso era qual pio
Raggio di luna che ricrea il ramingo,
Eppur misterioso un sentimento
Move che non è gioja--e più soave--
Della gioja fors'è, ma dolce ispira
Di meditar vaghezza e di silenzio:
Tal la sera in un tempio è melodia
Di giocondo ma augusto organo--ascolta

10

Delizïando l'anima pensosa.
  Quella tinta lievissima, quell'aura
Che alla beltà del timido sembiante
Beltà diresti aggiunga, e par sia nube--
Non nube di dolor, ma di gentile
Malinconia, e pietosa indole un cenno--
Quell'è l'incanto irresistibil donde
Sì affettuosi a lei volgonsi i guardi.
  Nel tetto suo, dalle verginee stanze
Fuori di rado appar: ma dagli aerei
Passi se il fievol suon per le echeggianti
Sale s'annunzia--o al genitor si rechi,
O a visitar famiglio infermo--e Adello
Sulla sua via si trovi, oppur da lungi
Trasvolar l'abbia vista, ei di sè ignaro
Palpita, e quasi un angiolo trascorso
Ivi fosse e beato abbia quell'aere,
Ei le sale ricalca ove Eloisa
Passò e santificar sentesi il core.
  Ai conviti paterni, infra le antiche
Sue dame e il padre assisa--o accanto ad essi
Passeggiando tra i fiori--o nella barca
Che a' giorni estivi a tarda ora per l'onde
Va qua e là gli zefiri cercando,
Della donzella i saggi detti ammira
Il giovine scudier: ma pochi sempre
S'udian, nè quel silenzio era quel velo
O infecondo o superbo; era quel velo
Onde beltà pudica asconder crede
I suoi tesori, e più pregiati e certi

L'altrui commossa fantasia li adora.
  No, all'intelletto uman, o esterno mondo,
Non sei bastante; esprimer tutto, indarno
Agogneresti, i sensi percotendo
Co' tuoi colori e suoni: egli in su porta
Più grande un mondo--l'ineffabil regno
Di quel principio che in noi pensa e scerne
L'alta armonia delle create cose.
In quel regno mental l'uomo adorando
Contempla il bello, e più e più il vagheggia
Qui, perchè in tutto il suo fulgor qui splende!
Perciò di caste immagini è silenzio
Quell'arcana vaghezza, onde men cara
È talor la parola.--Oh, che mai sono
Le scritte bende, onde il pennel presunse
Della madre di Dio dirti l'amore?
Non le ingegnose bende, il sacro volto
Dica al Figliuolo «Io t'amo:» ivi un indizio
L'immaginante spettatore, e tutta
Troverà in sè di quell'amor la istoria.
  Ma quella possa, ohimè! ch'hanno le menti
Di penetrarsi una nell'altra, ad onta
Che di mister si cingano, scoverto
A Eloisa e Adello ha la vicenda
Del lor misero affetto. Ambi più volte
Guardandosi arrossiro: e--inosservato--
Talora Adel della fanciulla il volto
Atteggiarsi a mestizia ed a profonda
Estasi vide, e impallidir se udìa
Reduce dalla caccia il giovin prence

Ch'esser le dee consorte, e più se udìa
Di costui rammentarsi i genitori
Che dal Reno s'aspettano, e allorquando
Giunti essi fien, si compieran le nozze.
  Nè lieto ad Eloisa è più il festivo
Giorno del padre suo? l'inclito giorno
Sacro al santo de' prodi, al generoso
Di Cappadocia cavaliere?[2] Ah! tutto
L'affettuoso adopra onde il sereno
Ritrovar de' passati anni, e compiuta
Far l'allegrezza del buon sir.--Gioiva
Questi alle danze e al canto de' vassalli,
Ma più d'ogni altro è a lui grato l'omaggio
Della tenera figlia e dell'amato
Italo suo scudiero.
                    Essa dell'armi
Le glorie ignora, e sol del padre canta
I pacifici giorni, e la clemenza
Verso i nemici, e il benedir concorde
De' felici suoi servi, e il dolce ospizio
Che appo il suo focolar trova l'illustre
Pellegrino e l'oscuro, ed il credente
E l'infedel--ed ogni strofa chiude
Intercalando un giubilo d'amore:
«Ah sì, tal d'Eloisa è il genitore!»
Ond'è che men degli altri anni gioconda
Comparia la donzella, e più diletto
Pur la sua voce trasfondea ne' cuori?
Ah, dovunque la tua fiamma s'apprende,
Ivi, o Amor, è una vita, ivi un incanto

Che tutte le gentili arti sublima!
  Universal lode era, e d'Adello
Non pur motto s'udìa: ma il guardo a caso
Sovra lui pon la giovin dama, e il guardo
Innamorato incontra--e, oh, d'ogni lode
Ben più le parve!
            Il mutuo turbamento
Perocchè romoroso era l'applauso,
Null'uom vide o capì.--Si ricompone
Adel: sulla infiorata arpa coll'agili
Dita preludo, e l'armonia celeste
Gli versa in cor de' mali suoi l'obblio.
  Son guerrieri i suoi carmi. Ei di san Giorgio
Dice l'eroico spirto--E della figlia
Di quel re dice il pianto e le sciagure
Che divorata esser dovea dal drago,
Quando il cappadocèo redentor venne
Della beltà e dell'innocenza. Ignuda
La vergine regale al drago esposta
Pinger non osa Adel: cinta d'un velo,
Il sembiante ei le dona d'Eloisa,
E il biondo crine ed il ceruleo sguardo
E sì amabil ne trae quadro pietoso
Che a tutti molce gli ascoltanti il petto.
L'arrivo ei dice del campione e l'ira
Contro a' codardi cavalier che il brando
Non consacrano a' deboli, e a quel sesso
In che onorar dobbiam Maria: e descrive
La terribil battaglia; e la sconfitta
Del mostro immane; e il giubbilo e il trionfo

14

Che la turba apparecchia; e la modestia
Del vincitor che involasi, e a novelle
Per la terra trascorre inclite imprese.
Oh, allor d'Adel, nell'inno suo di fuoco,
Tutto il cavalleresco animo splende!
I bei fatti lo esaltano; una viva
Sete di gloria lo divora: in vago
Disordin, nella mente i grandi esempi
Gli si confondon del guerrier ch'è in cielo
E quelli del suo sir, e a entrambi aita
Chiede e virtù perchè lor orme ei prema.
  Quell'affanno, quel nobile desìo,
Più che le lodi avutene commove
Il magnanimo vecchio:
                «Eccoti, o figlio,
L'onorato mio ferro; i dì verranno
Ch'io giacerò cogli avi, e questo ferro
Mieterà ancor per mano tua gli allori!»
  Al valente cantor doni gentili
Porgean le dame, e il sir dicea: «Tu sola,
Figlia, sconosci la virtù e le nieghi
L'amabil guiderdone?»--Alla paterna
Dolce rampogna ella sorride, e tosto,
Vergognando, discignesi dal petto
Candida sottil zona, e sovra l'arpa
Leggiadramente del cantor la posa.
  Oh che son gli altri fregi? Il tempo forse
Potrà la rimembranza o scancellarne
O almen scemar; ma questa zona!--
                «Il seno

15

D'Eloisa cingevi! e tu sentito
Hai di quel seno i palpiti! e sentito
Forse li hai raddoppiarsi (ahimè, pur troppo
Ell'è certezza!) allor che o la mia voce
Udia da lunge o i guardi miei trovava
E mie pene leggeavi!» Ah, da quell'ora
Così delira Adel!
         Spesso un tintinno
D'arpa s'ode la notte entro il castello:
Egli è il misero amante che riposo
Sul letto non rinvenne, e con dimesso
Suon quelle melodie va ricordando
Che più son care ad Eloisa--e il bianco
Lin che dal musical legno discende.
Sopra il volto li ondeggia e sopra il core,
E reverenti baci egli v'imprime,
E gli parla e il ribacia, e talor forse
D'una lagrima il bagna.
         Il destin move
Un dì la giovin dama a errar solinga
Tra le rose dell'orto, ed ivi il caro
De' suoi pensier segreti idolo incontra.
Ambi treman, ritrarsi ambi vorriano:
Ma, perch'egli era mesto, una soave
Parola essa gli volse--«Adello, udiste
Favellar d'uno spirto che ogni notte
Già da alcun tempo bea il castel di queti
Armonici sospir?»
         «A quello spirto,
O cortese mia donna, era speranza

Che i suoi sommessi asconditi sospiri
Ignorati sarien: s'alcun li udiva,
Uopo è ben che nemico abbiasi il sonno--E
a quello spirto assai dorria se il sonno
Mancasse ad altri come a lui.»
                              Nullo era
In se quel dir; d'eluderlo v'avea
Pur mill'arti o troncarlo: ahimè, quell'arti
Ad Eloisa non sovvengon! Pochi
Confusi detti replicò, e que' detti
Molta pietà spiravano. Ah, d'ossequio
Sol parlò Adel, ma questa voce uscìa
Sì tenera e tremante, che simile
Era alla voce «amore!» Ed ei soggiunse
Sì meste cose di quei dì in che privi
Saranno questi fiori e quel castello
Di chi li fea sinor giocondi--e, spesso
Interrotto, pur dice anco di fiori
A cui del sol manca la luce, e a terra
Allor chinan la testa... e più non sorge!
  «Oh Adel, t'intesi! il tuo proposto è orrendo:
Tu vagheggi la morte!»
                            «Oh donna! Il giorno
Che tanto audace io fui d'innalzar gli occhi
Sovra cosa divina, era decreta
La morte mia dal ciel quel giorno.»
                              Il pianto
Sgorga a forza dagli occhi d'Eloisa;
Ma dignitosa ell'è tutt'ora, e gravi
I modi e le parole. Un lampo d'ira

Le balenò piangendo e dir parca:
Così m'astringi ad avvilirmi?--Ei muto
Angosciato abbassava le pupille
Più che mai reverenti onde la donna,
Lagrimando non vista, il duro peso
Della vergogna non sentisse. E il pio
Riguardo ella scerneva, e in petto quindi
Pietà maggior la inteneria.--
          --Tal'era
Di que' semplici eventi la catena
Che (impreveduta) avea le due inesperte
Alme condotto alla fidente e vana
Compassïon del vicendevol duolo.
Ma oh come quelle bell'alme, incapaci
Pur d'un pensier che da virtù non tragga,
Accusansi ciascuna in sè medesma
Del biasmevol colloquio!
          È questa adunque,
Pensava Adel, la mercè ingrata è questa
Ch'io rendo al mio signore? a lui che tanti
Su me profuse beneficii e pegni
D'amistà nobilissima ed esempi
Alti d'onor? Così rammento i cenni
De' genitori miei, la veneranda
Storia de' lor martirii e come in venti
Ben più gravi sciagure immolàr tutto
Fuor che lor fede a' cari prenci e al dritto?
  In chi di giusti nacque, è onnipossente
La rimembranza de' dettami austeri
Nell'infanzia bevuti e il sacro accento

Con che amando addolcianli e padre e madre.
Disonorar con vili atti egli teme
L'immacolata lor canizie, e questo
Gentil timor, ne' gran cimenti--allora
Che virtù langue--di virtù lien loco.
  «Ahi, che feci, Eloisa? Ove trascorse
L'incauto labbro! Oh, un infelice obblia
Che ardì il tuo sdegno provocar! L'insania
Onde vittima gemo, ancor la voce
Del dover mio non soffocava appieno.
Che insano fui--non vil--tel dirà il pronto
Mio abbandonar questo adorato albergo
Onde più mai non rivederti. Un alto
Delitto le contrade itale afflisse
E vendetta domanda: io la grand'ombra
Di Berengario a vendicar mi reco.
Cadrò nel campo dell'onore: udrai
Forse in breve il mio nome e dirai «Basso
Fu il viver suo, ma egli moria da forte.»
  Ma non men che in Adel s'avviva in petto
Ad Eloisa di virtù il bel raggio:
E ipocrisia sdegnando e vano orgoglio,
Qual sorella gli parla e con decoro
Quasi di madre e di regina--eppure
Sol favellar così potea un'amante.
  Un celeste idïoma era, onde i pochi
Predestinati cuori han conoscenza
Che amaron come Adello, e un'Eloisa
Sulla terra trovarono, e una volta
Piansero insieme, e da quel dì migliori

Si sentir--benchè forse, ahi, più infelici!
  Ella accenna infrangibil l'imeneo
Che del suo padre la saggezza ha fermo,
E dice sacro quel dover che legge
A entrambi lor fa il separarsi e pace
Ricercar nell'assenza: e poi soggiunge
Con enfasi gentil quanto l'uom possa
Sublime farsi nel dolor, se invitto
Ai colpi di fortuna animo opponga,
E più, se nel dolore ei sempre aneli
A far sì, che ad un lito (ond'esul mosse)
Spesso la fama sua giunga e tai fatti
Narri di lui, che ognun qui dire ambisca:
Io lo vidi, io 'l conobbi, ei mi fu caro!
  Con più tenera voce indi Eloisa
Il rampogna che morte ei nelle prime
Pugne minacci d'incontrar; gl'intima
Di viver--
            «Donna, ah da te lunge?--
                          «Vivi
Alla patria, a' parenti... ed al conforto
Pur d'Eloisa!»

Questo detto ha fisso
Del futur campion l'alto destino!

[Nota 2: San Giorgio, principe di Cappadocia.]

II.

«Ben t'avvenga, o stranier, che non disdegni
Del proscritto la stanza! Oh, il curïoso
Mio desir non t'offenda: avresti il suolo
Di Verona toccato? o nulla almeno
Dell'infelice mia patria t'è noto?»
  «Verona tua, gran Valafrido, ancora
Non visitai, ma qui di Francia io movo
Per quella volta.»
            Adel così dicendo,
Una scritta porgeva: e con ossequio
(Mentre quei legge) osserva le sembianze
Dell'eroe cui per molte cicatrici
Beltà non scema: è in Valafrido un misto
Tal di guerriera cortesìa e fierezza
Che affetto ispira e in un tema e stupore.
  «Che? Tu del sir di Rocca Incisa alunno,
Di lui ch'a Eligi mio chiuse le ciglia?--
E dal felice tetto del vegliardo
L'ardente febbre involati de' prodi,
Il bisogno di gloria? Oh, dritto ei parla,
Con paterna amarezza lamentando
Giorgio il tuo dipartir! _Ne' generosi
V'è un impulso di Dio che li sospinge:
Uopo è onorarlo, anche se il cor ne pianga._»
  Adel s'inteneria rammemorando
Del suo signor l'affettuoso sdegno,
Quando i suoi preghi a forza il combattuto
Congedo ottenner. Poi dalle ospitali

Accoglienze animato--«O Valafrido,
Guida mi sieno i tuoi consigli: acceso
Dall'alta istoria di tua eroica fede
Pel trucidato nostro italo Augusto,
Al sitibondo mio ferro ho la morte
Del traditor giurata.»

         «O giovinetto,
il cor mi brilla udendoti. Perduta
Tutta de' giusti ancor dunque la stirpe
Non è in Italia? I giusti--oh, ma son rare
Stille che pure cadono dal cielo
In torbido ocean, che inosservate
Nelle giganti sue schiume le ingoja!
T'arrida un giorno la fortuna: or tempo
È di sostar: te perderesti indarno
E del trafitto Cesare quel sacro
Unico avanzo su cui pende il brando
Dell'assassin.»

        «Ciò che a salvar la figlia
Di Berengario lungamente opravi
Noto m'è o Valafrido...»

        «E non t'è noto
Che al novo italo sire Ugo negando
Chinar l'insegna mia, se dalle mani
Dell'assassin Rasperto ei non togliea
La donzella regal, meco possente
Esercito ebbi che d'onore al sacro
Nome parea tutto avvampar? L'infido
Ugo mi trae ne' lacci suoi chiedendo
A me di pace il parlamento: i dritti

Son vïolati delle genti: in ferri
Tratto mi veggio. Ov'eran le promesse
Dell'esercito mio? dove la sete
Di giustizia e vendetta? Oh vitupero!
I creduti leoni eran conigli
Che un fischio sperde. Alla prigion m'involo,
A mie castella mi ricovro, ai servi
Do franchigia e virtù: la fede e il grato
Animo in prodi trasmutò gli abbietti:
Pugnar, morirò al fianco mio. Ma invano
Sperai che gara in petti altri e gentile
Pudor si ridestasse. Il soverchiante
Numero mi sconfigge: Ugo e Rasperto
Al suoi adeguan le mie rocche, e a stento--
Ramingo, insidiato, egro--l'afflitta
Testa posar m'è in questi monti dato.»
  «Signor, tu il sai, soccombe il retto, e vana
Però non è la sua caduta: è crollo
Che desta le sopite alme e del retto
A compir le sublimi opre le incalza.»
  «Adel, m'ascolta: speme una accarezzo,
Sol una.»
      «Qual?»
        «La grande alma d'Ottone.
Io in Lamagna trarrò, moverò l'ira
Del generoso: il vindice d'Italia
E del tradito imperador fia Ottone.»
  Al quarto dì si separar gli eroi:
Valafrido oltre l'Alpi, e Adello mosse
Alla città infelice ove vassallo

Del re malvagio domina nel sangue
Il feroce Rasperto. Avea costui
Folto stuol di satelliti, raccolti
Tutti d'infra le truci orde venute
Di stranie terre alla rapina.--Adello,
Onde vie meglio ascondere che in petto
Lombarde cure ci prema, avventuriere
Natìo di Francia fingesi, cui sorte,
O errori giovanili, o irrequïeta
Brama d'eventi fuor di patria spinse.
Tacitamente a lungo ogni suo passo
Esplorato venìa. Seco si stringe
Un burgundo guerrier: cieca fidanza
Mostragli Adel, sognati casi narra,
Forte invaghito del mestier dell'armi
Dicesi, e a poco a poco ode gli offerti
Patti, e ingaggiarsi appo Rasperto assente.
  L'avvenenza d'Adel, la signorile
Sua destrezza nell'armi attirò in breve
Del tiranno gli sguardi, e di sua corte
Agli ufficii l'assunse.
                  Adel fremea
Nell'incurvar l'altera alma alle bieche
Non imparate ancor del debole arti:
Ma incurvarla era forza, o prorompendo
Mal augurata far l'impresa. È lieve,
Di Berengario sulla tomba il mostro
Strascinar per le chiome e trucidarlo;
Ma di Rasperto riman poscia il crudo
Nipote Euger, che in sua balia rinchiusa

Tien nella torre Sigismonda e il sangue
Versar della infelice orfana puote.
Pria che vendetta dell'estinto or vuolsi
Dell'oppressa innocenza oprar lo scampo.
  Cauto osservar gli spiriti, una tela,
Se arride il tempo, ir preparando, e il cenno
Di Valafrido attendere--tal era
Lo spettante ad Adello inteso incarco.
  Ma più lune trascorsero, e l'eroe
Di Lamagna non torna, e orrende nozze
(Onde gli ambiziosi emuli tronche
Sien le speranze) intimansi alla figlia
Di Berengario coll'infame Eugero.
  Repente sulle piazze alla sommossa
Chiamar la turba? Ed a qual pro? Non altri
Tentaron questa via? Tosto immolati.
Dalla viltà del volgo,--od a ritrarsi
Costretti si vedeano, onde il tiranno
Non estinguesse del lor re la figlia.
Dar l'assalto alla torre? e con quai brandi?
Ah, in molti petti è l'ira, il desio in tutti
Della vendetta, la virtù--in nessuno!
O almeno Adel non la scoverse.--Un fido
Servo, che collattaneo era del vecchio
Padre d'Adello, e indivisibil sempre,
Fin dal natal del giovin sir gli stette,
De' suoi segreti è il sol custode: oh, gli anni
La destra aggravan d'Almadeo; compagno
Fora mal certo nel ferir!
                «Buon padre,

Urge il tempo, ho deciso: ad ogni rischio
Sol rimango io, ma Sigismonda è salva.»
  «Che dici o mio signor?»
                    «Sotto l'ammanto
D'altra grave cagion, rapido cocchio
E destrieri apparecchiansi: al tramonto
Portator de' messaggi io di Rasperlo
Al re m'invio--ciò crederassi--il cocchio
Tu guiderai; più prezïoso un pegno
In mio loco ivi fia. Non della corte
D'Ugo il cammin, ma di Vinegia prendi:
Sino al mar non ristarti: un agil legno
Senza indugio v'accolga, ed al suo illustre
Proscritto zio la vergine conduci.»
  «Deh, l'arcano mi spiega!
                    «Odi: tu sai
Che alla prigion della regal donzella,
Fuorch'a entrambi i tiranni e alle lor guardie,
Ad uom recarsi non è dato. Appena
Due antiche ancelle--e l'una a Sigismonda
Nutrice fu--ponno ogni dì all'afflitta
Di compianto e amistà porger ristoro.
Ad esse favellai. Della nutrice
Le spoglie io vesto, all'altra m'accompagno,
In carcer resto, e assuntesi le spoglie
Della nutrice, Sigismonda fugge.
Ir non può in fallo il colpo: occhio severo
Su queste donne non s'estende. Inferma
Da lungo è quella onde la voce io tolgo:
Muta sol ivi penetrar, ravvolta

In ampio velo: al scender della torre
Al lor umile tetto uom non le segue.
Buje or sono le notti: al destro lato
Del vicin tempio le fuggiasche trovi.
Salgano il carro immantinente: sferza
Senza posa i cavalli.»
                    «O signor mio,
Che fai? tua vita perdi: a' genitori
Pensa.»
        «Agli esempii lor penso: la vita
Posposer sempre al maggior ben--l'onore!»
  «Del tinto personaggio a me la cura
Dona, all'illustre zio tu stesso adduci
La salvata donzella.»
                    «Oh, ben da tanto
M'estimo io sì! nè a tue virtù, la gloria
Di morir per sì giusto atto, minore
Certo sarìa! Ma di soverchia mole
È, Almadeo, tua presenza: in guisa niuna
Dal travestir s'illuderian gli sgherri:
Me affida inoltre il valor mio: l'acciaro
Del padre d'Eloisa io sotto ai lini
Donneschi porto, e allor che s'avvedranno
(Dopo molte ore, deh, ciò sia!) le guardie
Dell'inganno sofferto, io d'atterrarle
E scampar non dispero; e piena l'opra
Forse eseguir che il morto re domanda.»
  Resistenza e preghiere e ammonimenti
Ripetè invan l'antico.--I fatti egregi
Pensa anche il vil talvolta: il sol gagliardo

Li pensa e compie--e tra il pensiero e il fatto
È una ferrea catena, e niuna scossa
Quella catena fa ondeggiar.
                    Le donne
Alla torre presentansi. Il guardiano--
«Dio ti ridoni la salute o inferma!»
E la sana risponde: «Oggi l'affanno
Più dell'usato la meschina opprime,
Nè a veglia quindi appo la dama a lungo
Starci forse potremo.» E ciò dicendo,
Al saluto venal porgea cortese
Qualche mercede.
                    Inesplorate i neri
Avvolgimenti della torre ascendono,
E lor la trista cella si disserra
Di Sigismonda; indi il guardian sen parte.
 Tutto in breve ode la fanciulla. Invasa
Da sorpresa e rossor, confusi, incerti
Detti favella. Il giovin cavaliero
E la vecchia fedel con premurose
Istanze le fan forza. Ah, d'involarsi
Dall'infame imeneo trattasi, i dubbi
Stolti, funesta ogni esitanza fora!
 Della nutrice a Sigismonda i veli
S'appongono.--L'inferma appo la dama
Lunga dimora far non può: al suo letto
Già si ritira. In fondo era alla cella
Adel quando il guardian chiuse, e le donne
Fuor della torre addusse; ed osservato
Perciò non venne.

Poich'è sol, del manto
Che il cingea si discioglie, e il suo guerriero
Aspetto ripigliando, avido tende
E inquïeto l'orecchio. Ei di sventura
Trema--non già per sè: sull'elsa ha il pugno:
I perigli ricorda in cui quel brando
Conquistò a Giorgio la vittoria: stretta
Si tien sul cor la zona d'Eloisa--
E sovrumana forza alla sua destra
Tal s'infonde, che intrepido i suoi giorni
Venderia e cari a folta schiera innanzi,
Ma alla fuggiasca pensa e per lei trema.
 «Che direbbero Italia e Valafrido,
E i miei parenti e un dì Eloisa, ov'io
Con improvvida audacia a morte spinta
Avessi Sigismonda? Eppur la scelta
Di più partiti io non avea, e il peggiore
Era l'indugio. Strepito non odo:
Oh cielo, arriso avresti? Ale ai corsieri
Presta, lor tracce agli inseguenti ascondi!
Propizii sovra il mar spira i tuoi venti!
In porto adduci l'innocente afflitta,
E ch'io pera, se il vuoi, ma inglorioso
Non sia il mio fato!»
                Secoli son l'ore,
Ma pur segue una l'altra, ed ogni istante
Reca in Adel nova speranza e gioja.
 Verso il mattin--prostratto era ei davanti
A un crocefisso, e per la patria orava,
E per tutti i mortali, e più pei cuori

Che sono al suo più strettamente avvinti--
Quando un suono di passi e di parole
Pei rimbombanti angusti anditi giunge
Al prigioniero. Stridono le chiavi
E gli orrendi cancelli. In piedi ei balza:
Ascolta--e i ghigni scellerati scerne
Dell'impudente Euger. Venìa il malvagio
Ad annunciar, che irrevocabil cenno
Dell'empio sir, ferme ha in quel dì le nozze.
 Ma la porta dischiudesi--oh sorpresa
Spaventevole al reo, d'imbelle donna
In loco all'affacciarglisi improvviso
Incalzante guerrier! Pongon la mano
Alle spade i satelliti e il lor duce,
Urla mettono orrende, orrendi colpi
Metton, ma invan: già steso è al suolo Eugero,
Già spiccia il sangue da più petti: in cerca
D'aita e in fuga altri si volge: umana
Opra questa non credon, ma prodigio
Invincibil del cielo. Adel si slancia
Con volo irrefrenabile atterrando
Tutti gl'inciampi, e della torre è uscito.
 Al popol corre, con possente voce
Incita a compier l'alta impresa: ei narra
Dell'involata all'esecrande nozze
Figlia di Berengario.
                    «Avventuriero,
Qual credeste, io non son, d'estrania terra!
De' Saluzzesi monti, italo io sono,
Figlio del sire Adel, che antico servo

Fu dell'ucciso imperador! Vendetta
L'adirata onoranda ombra a me chiese,
A voi tutti la chiede. Oggi la taccia
Si lavi che (già omai volge il terz'anno)
Vi disonora e dican la fraterne
Ed emule città--_Giacea nel fango
Per rio destin, non per viltà, Verona!_»
   Il suo apparir maraviglioso, i caldi
Accenti del guerrier, la reverenza
E la pietà che spiran le ferite
Onde il volto gronda--e par ch'ei solo
Conscio non siane--un inatteso effetto
Producon nella turba. Al denso stuolo
Delle feroci mercenarie lance,
Che con Rasperto irrompono, non cede
Come altre volte il volgo: aspra battaglia
Le vie e le piazze insanguina: le opposte
Ire in eroi trasmuta anco i più vili.
Adel s'azzuffa col tiranno. Ivi era,
Ivi a mirarsi spaventevol cosa
Il furor de' gagliardi, il mortal odio,
E di disperazion l'ultima prova!
Lunga è la lotta, dubbia è la vittoria:
Si soffermano il popolo e i guerrieri,
E alterno è il plauso ed il terror. Ma alfine
Precipita il tiranno: a quella vista
Sgomentati si sperdono gli sgherri:
Grida di gioja il popolo manda--e Adello
Trionfator, ma semivivo, cade
De' suoi compagni d'arme infra le braccia.

31

Dio quella vita ad altre angosce ed altre
Glorie serbava: ma all'esauste vene
Del campion di Verona a grave stento
Riedè salute.
      Un dì, al suo letto ei vede
Inoltrarsi due duci. Uno ei ravvisa:
È Valafrido. Di Lamagna i prenci
Questi trovato avea sì nelle interne
Discordie avvolti, che niun d'essi cura
Prender potea dell'itale fortune.
Oh come Valafrido i dolci amplessi
Rende al ferito eroe! come gentile
Dal labbro suo suona la lode al forte
Fatto d'Adel! Nè men commosso e onesto
Favellando applaudìa l'altro guerriero.
    Il magnanimo zio di Sigismonda
Quegli è che ad onorar venne l'ignoto
Della nipote redentor:--Più giorni
Con delicata indagine il vegliardo
Spiò se in cor d'Adel fiamma d'amore,
Eccitatrice d'alte gesta, ardesse
Per l'augusta donzella, e dagli accorti
E amici detti un raggio tralucea,
Qual di desio che Adello osi a tai nozze
Elevar sue speranze.
        Il perspicace
Garzon di quel linguaggio i sensi intende:
Ma cortesìa vuol che li ignori, e aperto
Scansi rifiuto. Quindi uopo tingendo
D'amichevol conforto e di fidanza

A sollevar del mesto animo il pondo,
Con fil e candor narra al buon vecchio
L'umile istoria de' suoi giovani anni,
E il foco inestinguibile che inceso
Le virtù d'Eloisa e la bellezza
Han nel suo petto, e tutto dice--tranne
Che riamato ei sia.--Ben gli era nota
La sfolgorante venustà e la dolce
Alma di Sigismonda, e come i prenci
Si contendan sua destra e quella destra
Porti forse venture alte di regno;
Ma più che ogni tesoro e più che i troni
È a lui la sua Eloisa--oh doloroso
Sovvenir d'un bel sogno! inutil culto!
Inutil no, giacchè sublima il core!

III.

 Nell'arduo calle della gloria i primi
Cantai passi d'Adello: or trasvolando
Sull'ali rapidissime del tempo,
Additerò sol come lampi i lunghi
Patimenti e le gesta onde l'eroe
Gli anni suoi segnalava.
                    Ugo, insultando
Delle città, de' vescovi e de' forti
Itali castellani a' privilegi
E schernendo i trattati ed impunita
La libidin lasciando e la rapacia

De' suoi baroni, acceso avea nel regno
Di civil guerra la esecranda face.
   Dal furor della plebe i regii messi
Lacerati venian: le inesorate
Lance del sire offeso alla vendetta
Trucemente scagliavansi. Ammucchiati
I cadaveri ingombrano le strade,
Nè v'ha chi li sotterri: il pellegrino
Riede al natio villaggio, e indizio appena
Del loco ov'ei sorgea songli i mezz'arsi
Rottami delle pietre e pochi teschi--Forse
del padre e dei fratelli i teschi!
   Tal de' Lombardi era lo stato. Adello
De' depredati borghi e monasteri
In difesa accorrea: di lui, nemico
Più formidabil non avea il tiranno.
   Ma in breve queste guerre han tratto all'imo
D'ogni miseria la contrada: il mese
Della messe venia, ma il sol versata
La sua virtù feconda avea ne' semi
Dell'ortica e del cardo; e da lontano
Il fuggiasco villan piangea sul brando
Che a' dì più lieti gli falciava i campi.
   Ride Burgundia. «Or tempo è di riporre
I nostri ferri agl'Itali divisi!»
E già possente esercito calava
A sicura vittoria. Allora Adello
Vede la gran rovina: ad impedirla
Non v'è che la concordia, e alla concordia
Città rivali stringer sol può un scettro.

Del nome suo l'autorità sopisce
Gli odii: ei radduce le cosparse insegne
Appo la regia insegna. Or la salute
Dell'itala corona oprisi, e il guardo
Sulle colpe ond'è tinta uom non sollevi.
  L'impulso dell'eroe quasi un novello
Spirto ne' pria diversi animi ha infuso.
Ugo, con maraviglia, in sua difesa
Color vede morir cui dianzi ha raso
Le castella o i tugurii: il crudo petto
A forza inteneriasi: ambir la gloria
Parve di scancellar co' benefizii
E con la giusta signoria le cieche
Ire sue prime. Adello, e altri guerrieri
D'onesta fama, sedi ebbero somme
Nel consiglio del re--ma quando piena
Fu de' Burgundi la sconfitta e saldo
Novellamente il trono, ecco, al tiranno
Ombra fa il nome del suo prode, e al dritto
Favellar suo magnanimo la taccia
Dassi ben tosto di ribelle orgoglio.
  Dicon vetuste cantiche il giudizio
Scellerato ch'espulso ha dalla patria
Chi la patria avea salva.
                    Andò il ramingo
Del veneto leone agli stendardi
E lor sacrò la spada sua.--I superbi
Isolani, già tempo, avean le spiagge
Di Dalmazia predate e con la frode
Tolto di là tal venerando oggetto

Che da secoli e secoli a fraterno
Pellegrinaggio i Dalmati adunava
E fea d'un ricco monister la gloria:
Era la lancia d'un antico eroe
Che dal giogo pagano in molte pugne
Sottratto avea le natie valli. Il grido
Degli eccelsi miracoli, operati
Dalla reliquia di quel santo, al furto
I mal devoti veneti sospinse.
  Ma intanto rotte più fiate, e sempre
Rinascenti nell'ira e più tremende,
Di padre in figlio le tribù selvagge
Con giuramento avvinconsi al racquisto
Dell'onorata lancia o a eterna guerra.
  Un feroce lor capo, Adeoniro,
Col manto di pio zelo, infesta il mare
D'incessanti, audacissime, inaudite
Piraterie. Sui piccioli sui legni,
Di ladroni invincibili una turba
Ei radunò che d'uom, fuorchè l'aspetto
Null'altro serban; fama appo i lontani
Sparse ch'uomin non erano, ma mostri
Prodotti dai nefandi abbracciamenti
Delle dalmate streghe e de' demoni.
Niuna legge li stringe altra che un voto--
Pronunciato col rito abbominando
Di libare in un calice una stilla
Di caldo ancor veneto sangue--e il voto
È d'assalir qualsiasi veleggiante
Pin di San Marco, o scompagnato corra

O a torme, o debol sembri o poderoso,
E dalla pugna non ristar ch'o estinti
O vincitori. A queste anime atroci
Ogni pietà verso i nemici è ignota,
Ma tra loro mirabile è una gara
D'assistenza e giustizia e comunanza
Di beni e mali. Adeonir divide
Il bottin, nè maggior parte a sè dona
Che al più abbietto compagno. In gozzoviglie
E in limosine sprecan, non curanti
Tutti del pari, ogni tesor soverchio,
Quand'armi e barche e attrezzi hanno, ed ai figli
E alle donne e a' feriti han provveduto.
Tal delle imprese loro è la ventura,
E con tali atti di barbarie han tinto
Di stragi l'onde, che il nocchier più ardito
Nell'adriaca laguna inoperose
Tien le sue sarte, e unanime la voce
Dell'atterrito popolo s'innalza
Perchè il furto s'espii ch'a furor tratto
Ha de' Dalmati il santo, e a' loro altari
Con doni la fatale asta si renda.
  Il senato assentì: ma col ritorno
Della reliquia, pur mutar natura
Non potè l'indomato avido spirto
De' bugiardi pirati: e con più angoscia
Pianse Vinegia le nuove onte, e mosse
Con alte navi e prodi capitani
Ad estirpar di que' malnati il seme.
  Ahimè, che de' suoi prodi il morir forte

Non giovò alla repubblica! In tai giorni
Di lutto universale, uno straniero
Sorge e il linguaggio degli eroi parlando,
Radduce nelle curve alme il coraggio.
Quello stranier pugnato avea sui pini
Della sconfitta armata, e al valor suo
De' pochi avanzi si dovea lo scampo.
Era Adello! Il magnanimo senato
Plaude all'ardir del cavaliero; un novo
Armamento decreta: Adel le prore
Capitanando, alla vittoria corre,
E sepolcro i pirati ebber nell'onde.
   Favorita canzon del marinaro
Divenne questa istoria, e tutti i liti
D'Italia l'impararono, e ne' gioghi
Più segregati d'Apennino--allora
Che un sir bandisce all'ospite il festino--
Dice al suo vate: cantaci il bel nome
Del vincitor de' dalmati pirati.
   Memoria non restò delle sciagure
O degli affronti perchè Adel partissi
Dalle bandiere del leone. Amalfi
Diede ospizio e onoranza al capitano,
E per lui prosperò; la terra e l'acque,
Più d'una volta, del suo sangue intrise,
Ma invitto il vider sempre e più tremendo.
Tacerò quelle pugne e dirò il giorno
Che--tempo era di pace e vincolato
D'Amalfi all'armi il brando ei non tenea--
Adel coll'oro suo recossi ai Mori

Che in Tunisi avean sede, e quanti schiavi
Potè redense. Il sacrificio ei compie
D'ogni suo aver, perocchè morti entrambi
Son gli adorati genitori, e il pio
Figlio all'anime lor schiudere il cielo
Spera con opre che al Signor sien grate.

  Un dì, secondi egli aspettava i venti
Per la reddìta, ed ecco entra nel porto
Con festive urla un predator; parecchie
Sbarca gementi vittime, e fra quelle--Oh
sorpresa! oh sciagura! Adel ravvisa
Un cavalier troppo a lui noto, è desso,
D'Eloisa lo sposo!
              Ai primi amplessi
(Ed oh quanti dolori in quegli amplessi
Squarcian d'Adello il nobil cor! qual misto
D'antica gelosia, di riverenza
Per le virtù del sir, di generosa
Compassïon, d'affanno immaginando
Le pene d'Eloisa in udir preda
Ai scellerati masnadier lo sposo!)
Ai primi sfoghi di pietà, succede
L'interrogar sollecito dell'uno
E il racconto dell'altro.
              «Oh Adel compiuta
È la sventura mia! Tu vedi il figlio
Del felice Usignan, già di castella
Sì ricco e d'armi, cui possenti trame
Di perfidi congiunti han da sei lune
Rapito ogni dominio. I figli miei

E lor misera madre (ah, poich'al duolo
Il tuo signore e mio, Giorgio soggiacque!)
In salvo a Nizza appo mia suora addussi.
Ivi una notte una masnada irrompe
Di Saracini. Io d'Eloisa, e quanti
Dolci pegni m'avanzano, la fuga
Combattendo proteggo: oh, almen per loro
M'arrise il ciel! Ma cinto, disarmato,
Carco di ferri io vengo. Anzi il mattino
Salpan le collegate arabe navi:
Quai di Spagna eran, quai del Sardo e quali
Di quest'africo lito; a me la somma
Lontananza toccò!»
          Frenava Arnaldo
Con viril forza il pianto: Adel, compreso
Da tanta folla d'infelici e cari
Pensieri, il volto si copria e lasciava
Alle lagrime sue libero sfogo.
  «E anche il mio antico sire è nel sepolcro!
Sì lunghi anni di gloria, e poi nel lutto
Morir miseramente! ecco, empia terra,
Il guiderdon che alla virtù largisci!--
Ma no, delle onorate opre la meta
Non è il sorrider di mortal fortuna:
Amaro a' giusti è il vivere, e beato
Solo quel dì che al mondo vil ti toglie!»
  Così esclamava Adel, sazio de' giorni
Glorïosi, ma sterili di gioja
Ch'ei tratto avea, da quando allontanato
Erasi da Eloisa. E or par che tutta

Da mal estinte ceneri risorga
La giovenil sua fiamma: i detti, il volto
D'Arnaldo lo riportano ai remoti
Tempi del suo delirio. Ei vede i colli
Della Sonna fioriti--il santuario
Ove la pia fanciulla iva sovente
A lagrimar sulla materna tomba--
L'inghirlandata barca ove ella, assisa
Sulle ginocchia di suo padre, al canto
Talor sciogliea la voce; e talor l'inno
Era d'Adello; e allor della donzella
Più timido era il canto e più pietoso!

  Che pensa, Adel, tua nobil alma? I campi
E le rocche d'Arnaldo andrai col brando
A racquistar pe' figli suoi? ma in ceppi
Ei qui rimansi: squallido, languente
È il suo sembiante: il duol forse e la dura
Servitù in breve troncheranno il filo
Di quella vita... Libera Eloisa?
Oh pensiero infernal! Ma nella mente
Anche de' giusti sfolgora i suoi foschi
Lampi l'inferno--e più son giusti appunto
Perchè talvolta eguali a' rei son quasi,
Ed allor non soccombono, e con arduo
Sforzo sopra il mortal fango s'innalzano.

  D'altri schiavi al riscatto ogni tesoro
Già avea consunto Adello: al predatore
D'Arnaldo in cambio, egli offresi. Accettato
Venne il partito, perocch'egro il primo
Schiavo parea, e salute e forza spira

Del novel la persona. Il sir francese
Queste mosse ignorava, e i suoi voraci
Crucci addoppiava l'esser conscio, ahi troppo
Degli affetti d'Adello. Alta è la stima
Che la virtù dell'Italo gli desta;
Ma pur già scorge nel futuro, accanto
Alla donna (e ancor bella era Eloisa)
Il rival cavaliere, e quella stessa
Virtù che in esso ammira è il suo spavento.
   Ma oh come in sè medesmo ei si vergogna
Di sì bassi concetti, allor che tolte
Vede a sè le catene, ed alle braccia
Poste d'Adel!
              «Che fia? Non mai! Sublime
Insania, Adel, ma insania è questa! infermi
Giorni redimer di chi tutte ha tronche
Le vie di rimertarti e così all'imo
Cadde che d'ogni grande atto la speme
Da fortuna gli è tolta--e invece i giorni
Preziosi immolar di chi seconde
Tutte ha le sorti e per la gloria vive!»
   «Arnaldo, i pregi tuoi taccio che sommo
Ti fer sempre a' miei guardi; or sol rammento
Quanta importanza i giorni han di chi i sacri
Titoli vesta di marito e padre:
Appo tal, nulla è la deserta vita
Di chi solingo passeggia la terra
(E tal son io), di chi, s'allegri o gema,
Niun bea il suo riso e niun piange al suo pianto.»
   Volea soggiunger l'altro. Adel temendo

D'aver con triste voci intenerito
Il suo rivale e forse appalesato
Della stanca dolente alma il segreto,
Apre un gentil sorriso--Va', gli dice,
A consolar la tua dolce famiglia;
Cura nostra primiera esser de' questa:
Indi per me non t'affannar: lontane
Non son l'itale sponde, e ivi sì egregi
Cuori mi fean di loro amistà dono,
Che in me certezza è la lor gara al pronto
Riscatto mio.
      «So, generoso Adello,
Che in sue nuove tempeste Ugo invocava
Il braccio tuo; so che anelò Vinegia
Di ritorti ad Amalfi, e che in ciascuna
Itala signoria ferve la brama
Di possederti a suo campion: ma esporti
Di fortuna a' capricci, ah no, non posso!
Sol crederei, se in mia balìa fosse indi
Il tuo pronto riscatto: oh, ma ti dissi
La mia piena miseria!»
      Uopo ad Arnaldo
Il ceder fu. Partì sulla primiera
Cristiana prora: agl'Itali l'annunzio
Esso, con altri dall'eroe redenti,
Portar di questo fatto. Onor parea
Stringer più d'una terra alla salvezza
Del guerriero in catene: il sir francese
Non osò dubitarne; Adello stesso,
Benchè scevro d'orgoglio, aver sul grato

Animo altrui credea qualche dritto--
Tutti obbliaro il misero! quattr'anni
Le afriche solitudini l'han visto,
Con abbietti compagni ad opre abbiette
Sotto varii tiranni i suoi sudori
Spargere oscuramente--ed eroe ancora
Esser per gl'infelici, o alleviando,
Con gravarne sè stesso, i lor dolori,
O al rassegnato suo religïoso
Senso le svigorite alme estollendo.
  Chi ai Saracini il tardo inaspettato
Prezzo portò del cavaliero? Un messo
Che dalle rocche vien d'Arnaldo. Il sire
Fedeli colleganze e alto valore
Ricondotto hanno a' suoi dominii e a tutta
La paterna sua gloria.
        Adello è asceso
Sull'ospital naviglio: al marsigliese
Porto ei veleggia. Oh come dir la gioja,
La gratitudin che il bel cuore inonda?
Come i diversi palpiti, approdando?
Poi, sul corsier veloce alle castella
Del suo benefattore e d'Eloisa
Senza posa traendo?
       «Ei giunge: incontro
Moveangli il sire ed Eloisa e i figli
(Figli di quell'imen; pur cari all'alma
Gentil d'Adello!) Mutui i commoventi
Detti suonano e i teneri singhiozzi
E la sincera nobil lode. Un riso

Del ciel parea per que' mortali eletti
Aver portato sulla terra il gaudio
Che dal suo trono Iddìo raggia ai beati!
Ma quel foco di vita che nel ciglio
Brillava ad Eloisa, insolito era.
Da lungo tempo in essa è illanguidito
Il fior della salute. Adel s'accorse
Ch'ella reggeasi con fatica; e intende
Che nella notte in che da Nizza a fuga
Ella errava co' figli, un dardo colse
Leggermente un di questi: ahi, velenato
Fors'era il dardo! Il bambinel da orrenda
Crescente piaga si struggea: la madre
Quella piaga lambendo al figliuol suo
Crede render la vita e, ohimè, s'illuse!
Sotterra è il pargoletto, e da quel tempo
A stento l'arte di Salerno e i voti
Appesi sugli altari e i benedetti
Maravigliosi farmachi al dolente
Sen dell'eroica madre addur novello
Sembran vigor.
            Ben tosto Adel conobbe
Che sol gli affetti subitanei un breve
Ponean rossor su quelle guance. Il dolce
Soggiorno alcuni mesi ei protraèa
Appo gli ospiti amati, e con Arnaldo
Il timore alternava e la speranza
Per l'egra donna--Ahi lasso! inferocisce
Rapidamente il morbo!--Adel sul letto
Di morte la mirò. Tutta obblïava

45

Ei sua virtù: chiedea ragione al cielo
Dei mali onde a gran fiotti il mondo inonda
Ch'egli ha creato, e in quegli orrendi fiotti
Indistinto sobbissa e il buono e il reo.
  «Oh Adel (rispose la morente--e furo
Questi gli ultimi accenti) oh Adel, ritraggi
La insensata parola! È il duol cimento
Ove Dio prova degli umani il core.
Te a egregi fatti i lunghi sacrifici
Portaron: nè t'incresca! e parver lunghi;
Ma, come stral per l'aer, fugge quest'ombra
Ch'uom vita appella e salda cosa estima!
Nè infelice è chi muor, ma chi morendo
Guarda gli anni volati ed alcun'orma
Da lui lasciata di virtù non trova!»
  Voce a Eloisa allor mancò: sorrise,
Strinse al seno i figliuoli, all'onorato
Sposo si volse--e dir parea «Co' figli,
Adel ti raccomando»--e più non era.
  Così passò la santa.
        Incerte storie
Narrano d'un Adel ch'appo i Toscani,
Dopo quel tempo gli Ungari sconfisse:
Fors'era il nostro eroe; forse in più gesta
Ancor brillò la gloria sua. Ma il vate
Che del sepolcro suo cantò, non dice
Se non che vecchio Adel morì e mendico,
Perdonando agl'ingrati, e ripetendo
Que' detti d'Eloisa: «È il duol cimento
Ove Dio prova degli umani il core;

Nè infelice è chi muor, ma chi morendo
Guarda gli anni volati ed alcun'orma
Da lui lasciata di virtù non trova!»

NOTE STORICHE DEL PELLICO

.... Sui colli
Della Sonna fioriti e sulla Rocca
Invisa dominava.

V'è presso Lione, sulle rive della _Saône_, una rupe che ritiene il
nome di _Pierre-Encise_.

In chi di giusti nacque è onnipossente....

Tutta la cantica sembra avere per iscopo morale queste
verità:--che
uno de' più grandi stimoli alla virtù si è l'esempio di
parenti
irreprensibili, e quindi il desiderio di consolare con bei
fatti la
loro vecchiaja--che nelle passioni in lotta col dovere,
quanto più il
sacrificarle a questo è doloroso, tanto più l'uomo che
compie questo
sacrificio ha luogo in appresso di congratularsene,
trovandosi
nobilitato ai proprii sguardi e più capace di grandi
azioni--che
finalmente se sulla terra il premio della virtù è spesso
l'ingratitudine degli uomini e la sventura, al giusto sono
abbondante
compenso la sua fama, il testimonio della buona
coscienza, e la pace e
le speranze con cui egli solo può scendere nella tomba.

  .... Io la grand'ombra
 Di Berengario a vendicar mi reco.

Berengario I, dopo gli infelici successi della sua guerra
con Rudolfo,
fu assassinato a Verona da alcuni congiurati, capo de'
quali era

Flamberto. Tre giorni dopo Milone guerriero fedele all'infelice
imperatore ne fece la vendetta, vincendo i colpevoli e condannandoli
al supplizio: così le cronache. Ma secondo questa cantica uno d'essi
congiurati, Rasperto, riacquistò potere in Verona, ed ebbe in seguito
il favore del re Ugo, che gli lasciò il governo di quella città.

Che al novo italo sire, Ugo....

Rudolfo tenne poco tempo il regno d'Italia: ei dovette cederlo ad Ugo,
duca di Provenza, che segnalò il suo dominio con le crudeltà e la
perfidia.

.... La grande alma d'Otone....

Pare che debba essere Ottone di Sassonia, il quale circa 14 anni dopo
quest'epoca conquistò l'Italia.

Tolto di là tal venerando oggetto.

Leggasi la storia de' bassi tempi e si vedrà quanto fossero frequenti

i furti delle reliquie. Un popolo credeva d'appropriarsi la prosperità
dell'altro, togliendogli o il corpo o qualsiasi altra reliquia del
santo protettore del luogo.

.... Che il nocchier più ardito
Nell'adriatica laguna inoperose
Tien le sue sarte.

Che un piccol numero di pirati sparga tanto spavento parrebbe
un'esagerazione, se la storia non dicesse come nel secolo XVII i
filibustieri, ammasso di pochi audacissimi ladroni, divennero il
terrore dei navigatori europei, a segno dì tener talvolta interrotta
la comunicazione della Spagna colle colonie americane.

A stento l'arte di Salerno...,

Nel secolo X Salerno era già famosa per la sua scuola di medicina. (V.
il Tiraboschi.)

Il Trobadore Saluzzese.

Cantica quarta

Adello

(Questa cantica è divisa in tre parti. La prima parte si riferisce ai tempi di Berengario I negli ultimi anni del suo regno, e ai tempi del breve regno di Rodolfo in Italia: la seconda volta sulla prima impresa d'Adello, regnante in Italia Ugo di Provenza succeduto a Rodolfo: la terza tocca varii avvenimenti della vita di Adello, che potrebbe riferirsi ai tempi di Ugo, e d'altrui fra i successori di questi, cioè Lotario suo figlio, Berengario II Marchese d'Ivrea, Ottone I ec. ec., quanto i Detti che Dalle nuovi vicchi. Da un cenno della seconda parte si ricava che egli era del Canavese.)

I

Quando oltre l'alpi il giovinetto Adello
Dal povero morìa tetto paterno,
Pria di varcarle, un guardo all'orizzonte
Natio rivolto e pianto: e rammentando
De' genitori le cure e l'affetto
Ripetè il pronunciato innanzi a loro
Fervido giuramento. —

Alti, uni al tuo nome,
Patria degli avi miei, nè al vostro o santi
Parenti, alcun disdor l'opre d'Adello
Non rechranno mai! Verrà in Italia
Il cortese straniero, e dirà — Pace
O terra, di gentili alme nutrici! —

Poi la via prosegui. — S'indiava al vecchio
Suo consanguineo ei gia che di possanza
Ricco e di fama, appo Pion sui colli
Della sienesa fiorti e sulla Rocca
Incisa domnava. All' giovanetto
Accoglienza amorevole il canuto
Giorgio far li degnò. Molto gli parla
De' cari genitori, e si compiace.
Perocchè del garzon commossa utria
Dal cor la voce, e gli soggiunge "Il cielo
Non prospero del padre tuo i destini,
Ma a un ospite leal degli un amico
 Che a lui la destra, e a chi da lui ne venga
A stender pronto è ognor. "

Quell' onorata
Destra baciava Adello, e umile e fida
Servitù promettea al suo signore.

Degli antichi scudieri e famigliari
Via l'ossequio acquistato il conoscendo
Italo garzoncello, e i cavalieri

Col sir congratulavansi e le Dame
Per l'onestà del novo alunno: e lieto
Quelli fra sè dicea: "giungervi potta,
Autori de' miei dì, quanto il lontano
Vostro figliuol dagli stranieri è amato!

    Ma di Giorgio crescea la bionda figlia,
E di beltà un miracolo e d'amore.
E di grazia ora e di certo Eloisa:
Ambian la mano sua molti di Francia
Mastri cavalieri, e al prode Arnaldo
Il padre la destina. Era negli occhi
Della fanciulla e sulle labbra un sorriso
Di cortesia e candor nobil sorriso,
D'ove volgeasi cautelava: e quando
Ella uscia del tetel gl'infimi servi
E il patteggier mendico avidamente
A mirarla si ferma, e ognun tornava
Più sereno al suo ufficio e a' suoi dolori
Ma quel tenue sorriso era qual più
Raggio di luna che ricrea il ramingo,
E pur misterioso un sentimento
Rivela che un'è gioja — e più soave
Della gioja forse è, ma dolce ispira
Di meditar vaghezza e di silenzio:
Tal la sera in un tempio è melodia
Di giocondo ma angusto organo ascolta
Delizia de l'amica penitola.

Quella tinta levissima, quell'aura
Che alla beltà del timido sembiante
Beltà diretti aggiunga, oppur sia nube –
Non nube di dolor, ma è gentile
Malinconia, e pietosa induce un censo –
Quell'è l'incanto irresistibil donde
Ti affettuose a lei volgenti i guardi.

Nel tetto suo, dalle virginee stanze,
Fuori di rado appar: ma dagli aerei
Passi se il fioco suon per le coheggianti
Sale s'annunzia – o al genitor di pochi,
O a visitar famiglie infermo – e Adello
Nella sua via se trovi, oppur da lunge
Trascolar l'abbia vista, ei di sì ignaro
Palpita, e quasi un Angiolo trascorto
In fosse e beato abbia quell'acre,
E le sale ricalca ove Eloisa
Passò – e santificar sentesi il core.

Ai conviti paterni, infra le antiche
Sue Dame e il padre assisa – o accanto ad esso
Passeggiando tra i fiori – e nella barca
Che a giorni estivi a tarda ora per l'onde
Va qua e là gli zefiri cercando,
Della Donzella i saggi detti ammira
Il giovine scudier: ma pochi sempre
S'udian, né quel silenzio era di spirto
O infecondo e superbo, era quel velo

Onde beltà pudica ascender crede
I suoi tesori, e più pregiati e certi
L'altrui commessa fantasia li adora.
    Ahi, all'intelletto umano, o ettoreo mondo,
Non sei bastante, esprimer tutto, indarno
Aggegneresti i sensi percotendo
Co' tuoi colori e suoni: egli in te porta
Più grande un mondo — L'ineffabil regno
Di quel principio che in noi pensa e sente
L'alta armonia delle create cose.
In quel regno mortal l'uomo adorando
Contempla il bello, e poi e più il vagheggia
Dup' perchè in tutto il suo fulgor qui splende?
Perciò di certe immagine è silenzio
Quell'arcana vaghezza, onde men cara
È talor la parola — Oh che mai sono
Le scritte bende, onde il pennel pregiato
Della Madre di Dio dirti l'amore?
Non le ingegnose bende, il sacro volto
Dica al figliuolo "Io t'amo": e coi un indizia
L'immaginante spettatore, e tutta
Troverà in sè di quell'amor la storia.
    Ma quella possa, chinò? ch'hanno le menti
Di penetrarsi uno nell'altra, ad essa
Che di mister si cingano, scoverta
Ad Eloisa e Abelle hai la vicenda.

Del lor mistero affetto. Ambi più volte
Guardansi ed arrossire e - inosservato -
Talora Sdeil della fanciulla il volto
Atteggiarsi a mestizia ed a profonda
Estasi vide, o impallidir se udia
Reduce dalla caccia il giovin prence
Ch'esser le dee cortesate, e più se udia
Di costui rammentarti i genitori
Che dal Reno s'aspettano, e allor giunto
Fausti essi fien ti compreran le nozze.

    Nè lieto ad Eloisa è più il festivo
Ritorno del padre tuo? È inclito giorno
Sacro al santo de' prodi, al generoso
Di Cappadocia cavaliero *? Ah! tutto
S'affettuoso adopra onde il sereno
Ritrovar de' passati anni, e compiata
Per l'allegrezza del buon Sir. Gioisa
Quelli alle danze e al canto de' vassalli,
Ma più ch'ogni altro è a lui grata l'omaggio
Della tenera figlia e dell'amato
Italo suo Scudiero.
                      Ella dell'armi
Le glorie ignora e sol del padre canta
I pacifici giorni, e la clemenza
Verso i nemici, e il benedir concorde
De' felici suoi servi, e il dolce ospizio
Che appo il suo focolar trova l'illustre

* San Giorgio principe di Cappadocia.

Pellegrino e l'oscuro, ed il credente
E l'infedel – ed ogni strofa chiude
Intercalando un giubilo d'amore.
"Ah sì tal è Eloisa è il genitore!"
    Ond'è che men degli altri anni gioconda
Comparsa la donzella e più diletto
Pur la tua voce trasfondea ne'cuori?
Ah dovunque la tua fiamma s'apprende,
Ivi, o Amor, è una vita, ivi un incanto
Che tutte le gentili arti sublima!
    Universal la lode era, e d'Adello
Non pur motto s'udia: ma il guardo a lato
Sovra lui gira la gioria Dama, e il guardo
Innamorato incontra – e, oh, d'ogni lode
Bea più le parve!
                Il mutuo turbamento.
Perocchè rimoveto era l'applauso,
Null'uom vide e capì. – Si ricompose
Adel: sulla inserata arpa coll'agili
Dita prelude, e l'armonia celeste
Gli versa in cor de'mali suoi l'oblio.
    Son guerrieri i suoi carmi. E di San Giorgio
Dice l'eroico spirto – e della figlia
Di quel re dice il pianto e le sciagure
Che divorata esser dovea dal drago,
Quando il Cappadocio riductor strane.

Egli è il misero amante che riposo
Sul letto non ritrovae, e come dimesso
Suona quelle melodie va ricordando
Che più son care ad Elvira — e il bianco
Lin che dal musical legno discende
Sopra il volto gli ondeggia e sopra il care,
E reverenti baci egli v'imprime,
E gli parla e il ribacia e talor forte
D'una lagrima il bagna.
                              Il destin muove
Un dì la giovin donna a errar solinga
Fra le reti dell'orto, ed ivi il caro
De' suoi pensier segreti idolo incontra.
    Ambi tremaro ritrosi ambi sorriano:
Ma, poichè egli era incerto, una soave
Parola esta gli volse —: Isbello, udiste
Favellar d'uno spirto che ogni notte
Già da alcun tempo ben il castel di queste
Armonie sorprir? —
                          "Si quello spirta,
O cortese mia donna, era speranza
Che i tuoi sommessi ascondoti sospiri
Ignorati sariau; s'alcun le udiva,
Uopo è ben che nemico abbiasi il sonno —
E a quello spirto assai dorria se il sonno
Mancasse ad altri come a lui. "

Nello seno

In te quel dir, d'eluderlo v'avea
Pur nell'arti a troncarlo: ahimè, quell'arte
Ad Eloisa non sovvengon! Pochi
Confusi detti replicò, e quei detti
Molta pietà spiravano. Ah, d'affanno
Sol parlò Adel, ma quella voce uscìa
Sì tenera e tremante, che simìle
Era alla voce d'amore. Ed ei leggiadre
Sì molte cose di quei dì in che poi
Saranno questi fiori e quel castello
Di chi le fea tener giocondi — e, spesso
Interrotto, par dice anco di fiori
A cui del sol manca la luce, e a terra
Allor chinan la testa... e poi non sorge!
   "Oh Adel! tutto! il tuo proposito è orrendo:
Tu vagheggi la morte!..
              "Oh donna! Il giorno
Che tanto audace io fui d'innalzar gli occhi
Sovra cosa diviesa, era decreta
La morte mia dal ciel quel giorno."
              Il pianto

Sgorga a forza dagli occhi d'Eloisa;
Ma disquieta ell'è tuttora, e gravi
I nodi e le parole. Un lampo d'ira
Le baleno prinngenide, e dir parca:

Così mi stringi ad avvedirne? — Ci smota,
Angosciato abbassava le pupille
Più che mai reverenti onde la donna,
Lagrimando non vista, il duro peso
Della vergogna una sentesse. E il pro
Riguardo ella scernea, e in petto quindi
Pietà maggior la intenerìa. —

                              Tal era
Di que' semplici eventi la catena
Che (improvveduta) avea le due inesperte
Alme condotto alla fidente e vana
Compassion del vicenderol duolo.
Ma oh come quelle belle alme, incapaci
Par d'un pensier che da virtù non tragga
Accusansi ciascuna in sè medesima
Del biasmevol colloquio!

                              "È questa adunque,
Pensava Adel, la mercè ingrata è questa
Ch'io rendo al mio Signore? a lui che tanti
Fra me profuse beneficj e preghi
D'amistà nobilissima ad esempj
Alti d'onor? Così rammento i cenni
Di genitori miei, la veneranda
Storia de' lor martirj e come in vento
Non più gravi sciagure immolar tutto
Fuor che lor fede a' cari prezzi e al dritto? "

In chi di quelle nacque, è onnipotente
La rimembranza de' cittadini austeri
Nell'infanzia bevuti; e il sacro accento
Con che amando addolciranli e padre e madre.
Disonorar con vili atti egli teme
L'immacolata lor canizie, e quella
Gentil temer ai gran cimenti – allora
Che virtù langue – di virtù tien loco.

"Ahi, che feci, Eloisa? Ove traeste
L'incauto labbro? Oh, un infelice abblen
Che ardii il tuo Sdegno provocar! L'intensa
Onde vittima gemo, ancor la voce
Del dover mio non soffocava appieno.
Che intanto far – non vel – tel dirà il pronto
Mio abbandonar questo adorato albergo
Onde più mai non rivederti. Un altro
Delitto le contrade itale afflisse
E vendetta romanda: io la grand'ontra
Di Berengario a vendicar mi reco.
Cadrò col campo dell'onore: udrai
Forse in breve: Il suo nome: e dirai "Basso
Fu il viver suo, ma egli moria da forte..."

Ma non men che in Adel s'avviva in petto
Ad Eloisa di virtù il bel raggio:
E ipocrisia sdegnando e vano orgoglio
Qual sorella gli parla e con decoro
Quasi di madre e di regina – eppure

Nel favellar così potea un'amante.
  Un celeste idioma era, onde i pochi
Predestinati amir hai conosciuta
Che amarono come Abello, e una Eloisa
Sulla terra trovarono, e una volta
Piansero insieme, e da quel dì migliori
Si sentì — benchè forse altri più infelice!
  Ella accenna infrangibil l'imene
Che del suo padre la saggezza ha fermo,
E dice sacro quel dover che legge
A entrambi lor fa il separarsi e pace.
Ricercar nell'assenza: e poi soggiunge
Con enfasi gentil quanto l'uom possa
Sublime farsi nel dolor, se invitto
Ai colpi di fortuna animo opponga,
E più se nel dolore è sempre amato
A far sì, che ad un lido (ond'ebul molle)
Spesso la fama sua giunga e tai fatti
Narri di lui, che ognun qui dire ambisca:
Io lo vidi, io l'conobbi, ei mi fu caro!
  Con più tenera voce indi Eloisa
Il rampogna che morte ei nelle prime
Pugne minacci d'incontrar: gl'intima
Di viver —
          " Donna, ah da te lunge ?..."
                              " Vivi
Alla patria, a' parenti ... ed al conforto

Pur d'Eloisa ! ..
             Questo detto ha fisso
Del futuro campion l'alto destino !

II

Ben t'avvenga o Stranier, che non disdegni
Del prescritto la Stanza ! Oh, il curioso
Mio detir non t'offenda : avresti il Suolo
Di Verona toccato ? o nulla almeno
Dell'infelice mia patria è è noto ? ..
Verona tua gran Palafrido ancora.
Non citlai, ma qui di Francia io moro
Per quella colta. ..
             Add così dicendo
Una scritta porgeva : e così ossequae
(Mentre quae leggi) osserva le sembianze
Dell'arre cui per molte cicatrici
Desta non sema : è in Palafrido un misto
Tal di guerriero cortesia e fierezza
Che affetto ispera e in un tema e stupore ,
" Che ? In del Pier di Erocca facita alcuno ,
Di lei ch'a Eligi mio chiude le ciglia !
E dal felor tetto del vigliardo
L'ardente febbre incolari de' prodi ,

Il bisogno di gloria! Oh, dritto ci parla,
Con paterna amarezza lamentando
Giorgio il tuo dipartir! Ma generosi
V'è un impulso di Dio che li sospinge:
Uopo è onorarli, anche se il cor ne piange.»
   Ade! s'inchinava rammemorando
Del tuo signor l'affettuosa scippa
Quando i tuoi prieghi a festa il combattuta
Congedo ottener. Poi dalla ospital
Accoglienza animato ~ O Valafrido,
Giusto noi siamo i tuoi consigli: avvete
Dall'alta istoria di tua eroica fede
Del trucidato nostro italo Rugetto,
Al sitibondo mio ferro ha la morte
Del traditor giurata..»
         "O giovinetto,
Il cor mi brilla udendoti. Perduta
Tutta de' giusti ancor ovunque la stirpe
Non è in Italia? I giusti - oh ma son rare
Stelle che pure cadono dal cielo
In torbido ocean, che inosservate
Nelle giganti sue schiume le ingoja!
T'arrida un giorno la fortuna: or tempo
È di restar: ti perseveri indarno
È del trafitto Cesare quel sacro
Unico avanzo la cui pende il brando
Dell'asfattin."

        " Ciò che a salvar la figlia
Di Berengario lungamente oprai
Noto m'è, o Palafredo...
        " E men t'è noto
Che al novo italo Sire Ugo, negando
Chinar l'insegna mia tE delle mani
Dell'assassin Rasperto ei non togliea
La donzella regal, meco possiede
Esercito ebbi, che d'onore, al sacro
Nome parea tutto avvampar? L'infido
Ugo mi trae nè lacci suoi chiedendo
A me di pace il parlamento: i dritti
Son violate delle genti, in fieri
Tutto mi veggio. Ov'eran le promesse
Dell'esercito mio! dove la sete
Di giustizia e vendetta? Oh vitupero!
I creduti leoni eran conigli
Che un fischio sperde. Alla prigion m'involo,
Al mio castello mi ricovro, ai servi
Do franchigia, e virtù: la fede e il grato
Animo in prodi trasmuta gli abbietti:
Pugnar, morire al fianco mio. Ma invano
Sperai che gara in petti altri e gentile
Pudor ti ridestasse. Il soverchiante
Numero mi sconfigge: Ugo e Rasperto
Al suolo adeguano le mie rocche e a stento —

Ramingo, insidiato, egro – l'afflitto
Letto posar m'è in questi monti dato ..
" Signor, tu il sai, soccombe il retto, e vassa
Però non è la sua caduta: è crollo
Sia detto le topite alma è del retto
A compie le tull'ore ogro le incalza .."
" Adel, m'ascolta : spera una accanotto,
Una sol .."
          " Qual ? ..
                    La grande alma d'Ottone ..
Ta in Lamagna trarrà, movrai l'ira
Del genero: il vindice d'Italia
E del tradito imperador fia Ottone .."
      Al quarto dì ti separar gli error:
Valafrido elice l'alpi e Adella mosso
Alla città infelia, ove s'affretta
Del re malvagio domina nel sangue
Il feroce Ruiperto . Avea retlui
Folta stuol di satelliti raccolti
Tutti d'infra le trace orde venute
Di strame terre alla rapina — Adella,
Viude vie meglio assmire che in petto
Lombarde cure si premia, accontentava
a latro di Francia fingati, cui Scote,
O errori spezzute, il riconginile
Brama è vinti fuor di patria Spinte,
Incitamento a luogo ogni sua posto

Esplorato venia. Seco si stringe
Un languido guerrier: cieca fidanza
Mostragli Adel, soguate cose narra,
Porte insaybito del mestier dell'armi
Dicoti, e a poco a poco ode gli offerti
Patti e ingaggiarsi appo Raiperto astante.

    L'avvenenza d'Adel, la signorile
Sua destrezza nell'armi attiro in breve
Del tiranno gli sguardi, e di sua corte
Agli uffici l'attuante.

             Adel fremea
Nell'incensar l'altera alma alle bieche
Non imparate ancor del subole arti
Ma incurvarla era forza, o prorompendo
Mal angurata far l'imposta. E lieve,
Di Bernaguario sulla tomba, il mostro
Stratcinar per le chiome e trucidarlo,
Ma di Raiperto reman poscia il crudo
Nipote Eugir, che in sua balia rinchiusa
Pur sulla torre Sigismonda e il sangue
Vostar della infelice orfana prole.
Pria che vendetta dell'estinto, or vuolti
Dell'oppressa innocenza opra lo scampo.
    Canto osservar gli spirti, una tela,
Se arride il tempo, ir preparando e il cenno
Di Valafrido attendere — tal era
Lo spettante ad Adella subito incarco.

Ma più lieve trascorsero, e l'ira
Di Lamagna non torna, e orrendi mezzi
(Onde agli ambiziosi emuli tronche
Fur le speranze) intimmite alla figlia
Di Berengario coll'infame Ognero.

Reputte tutte piazze alla sommossa
Chiamar la turba? Ed a qual pro? Noi altri
Tentaron questa via? Tutto cumulato
Dalla viltà del volgo — ed a ritrosi
Costretti si vedicano, onde il tiranno
Non estinguesse col bel re la figlia.
Dar l'apalto alla torre? e con quai braccio?
Ah in molte petti l'ira, il desio in tutti
Della vendetta la virtù — in nessuno!
O almeno Adel non la scoverse — Un fido
Servo, che collattaneo era del vecchio
Padre d'Adello, e indivisibil sempre,
Fin dal natal del giovin sir, gli stette,
De' suoi segreti è il sol custode: ch'egli anni
La vetta aggravan d'Alinadeo! compagne
Fora qual certo nel fuir!

                              " Buon padre,
Urge il tempo, ha detto: ad ogni rischio
Sol rimango io, ma Pizitucenda è salva. "
" Che dei, o mio Signor? "
                              " Sotto l'ammanto
D'altra grave cagion rapido vecchio
È costien apparecchiansi: al tramonto

Portator de'mittaggi io di Rasporto
Al re m'invio – ciò condorassi – il vecchio
tu guiderai, più preziosa un pegno
In mia loco io fui. Non della corte
D'Ugo il cammin, ma di Ravenna prendi:
Scesa al mar non vietarti un agil legno
Senza indugio t'accolga, ed al suo illustre
Prescritto zia la vergine condur. »
    "Deh, l'arcane mi spiega ! »
                    " Odi. tu sai

Che alla prigion della regal Donzella,
Fuor ch'a entrambi i tiranni e alle lor guardia,
Ad ocni vierti non è dato. Appressa
Due antiche ancelle – e l'una a Sigismonda
Nutrice fu – porran ogni dì all'afflitta
La compianta e ancelti porger ristoro.
Ad esse facelta. Della nutrice
Le spoglie io vesti, all'altra m'accompagne,
In career resto, e astunteli le spoglie
Della nutrice, Sigismonda fugge.
Io non più in fallo il volgo : occhio severo
In quelle donne non s'estende. Informe
Da lungo è quella onde la cece io tolgo:
Muta sud in penetrar, raccolta
In ampio velo : al scendur della torre
Al lor umile letto non ne tegne.
Buje or sono le notti : al destro lato

Fuor della torre addossi, se osservato
Perciò non venni.

                    Poich'è sol, del manto
Che il cangea si discioglie, e il suo guerriero
Aspetto ripigliando, avido tende
E inquieto l'orecchio. Ei di sventura
Trema — non già per sè: sull'esito ha il pugna:
I perigli ricorda in cui quel brando
Conquistò a Giorgio la vittoria: stretta
Si tien sul cor la zona d'Elvira. —
E sovrumana forza alla sua destra
Sol l'infonde che intrepido i suoi giorni
Renderia i cari a folta schiera innante
Ma alla fuggitiva pensa, e per lei trema.
" Che vollero Itelia e Palafredo,
E i miei parenti e on di Elvira, s'io
Con improvvida audacia a morte spinta
Difesa digitmerida? Eppur la scelta
Di più partiti io non avea, e il peggiore
Era l'indugio. Strepito non odo:
Oh Cielo, arrisi avresti? Alle ai corrieri
Presta, lor tracce agl'inseguenti ascondi!
Propizio sovra il mar spira i tuoi venti!
In porto adduci l'innocente afflitta,
E ch'io pera, se il suo, ma ingloriosa
Non sia il mio fato! "
                    Secoli son l'ore,

Ma pur segue anco l'altra, ed ogni istante
Reca in Adel nova speranza e gioja.

Verso il mattin — prostrato era si davanti
Ad un crocefisso, e per la patria orava,
E per tutti i mortali, e più pei cari
Che sono al suo più strettamente avvinti —
Quando un suono di passi e di parole
Pei rimbombanti angusti andito giunge
Al prigioniero. Stridono le chiavi
E gli orrendi catenelli. In piedi si balza.
Ascolta — e i ghigni scellerati scorna
Dell'impudente Eugen. Venia il malvagio
Ad annunciar, che irrevocabil corsa
Dell'empio sir ferma ha in quel dì le nozze.

Ma la porta dischiudesi — oh sorpresa
spaventevole al reo, d'imbelle donna
In loco, all'affacciarglisi improvviso
Inidiante guerrier! Pongon la mano
Alla spade i satelliti e il lor duce,
Urla mettono orrende, orrendi colpi.
Mettesi una mischia già mossa è al suolo Eugen.
Via spiccia il sangue da più petti; in cerca
D'aita e in fuga altri si volge; nimana
Opra questa non credon, ma prodigio
Invincibil del cielo. Adel si slancia

Con volo irrefrenabile atterrando
Tutti gl'inciampi, e della torre, è uscito.
  Al popol corre: con possente voce
Incita a compier l'alta impresa: ei narra
Dell'involata all'esecrande notte
Figlia di Berengario.
          "Avventuriero,
Qual credeste, io non son d'estrania terra!
De' Canossi monti, italo io sono,
Figlio del sire Adel che antico servo
Fu dell'ucciso imperador! Vendetta
L'adirata veneranda ombra a me chiede;
A voi tutti la chiede. Oggi la taccia
Di lavi che (già omai volge il terz'anno)
Vi disonora e dican le fraterne
Ed emule città — Traccia nel fango
Per suo dritto, non per dilei Verona!
  Il suo apparir maraviglioso, i caldi
Accenti del guerrier, la riverenza
E la pietà che spiran le ferite
Onde il volto gli gronda — e par ch'ei solo
Conscio non siane — un subito effetto
Producean nella turba. Al denso stuolo
Delle feroci mercenarie lance,
Che con Raspolo irrompono, non cede
Come altre volte il volgo: aspra battaglia

Le ore e le grazie intanguina: le opposte
Ire in ore trasinata senza i più vili.
Ribel s'azzuffa col tiranno. Ivi era
Su a mirarsi spaventevol cosa

Il furor de' gagliardi, il mortal odio,
E di disperazion l'ultima prova!
Lunga è la lotta, dubbia è la vittoria:
Si soffermano il popolo e i guerrieri,
E alterna è il pianto ed il terror. Ma alfine
Precipita il tiranno: a quella vista
Sgomentati si perdono gli sgherri:
Trista di gioia il popol mesce — e Adelbo
Trionfator, ma semivivo, cade
De' suoi compagni d'arme infra le braccia. —
      Dio quella vita ad altre angosce ed altre
Glorie serbava: ma all'estatte vene
Del campion di Verona a gran stento
Riede salute.
                    Un dì al tuo letto si vide
Inoltrarsi due duci. Uno ti revvita:
E Valafrido. Di Lamagna i prenci
Quelli trovato avea ti nelle interne
Discordie avvolti, che niun d'essi certo
Prender potea dell'itale fortune.
Oh come Valafrido i dolci amplessi
Rende al ferito eroe! come gentile
Dal labbro suo suona la lode al forte

Fatto d'Adel! Ne miei commosso e onesto
Favellando applaudia l'altro guerriero.

Il magnanimo zio di Sigismonda
Quegli è che ad onorar venne l'ignoto
Dello nipote redentor.— Più giorni
Con delicata indagine il vegliardo
Spiò se in cor d'Adel fiamma d'amore,
Eccitatrice d'alte gesta, ardesse
Per l'augusta donzella, e dagli accorti
E amici detti un raggio tralucea
Qual di desio che Adelle osi a tai nozze
Elevar sue speranze.

Il perspicace
Garzon di quel linguaggio i sensi intende,
Ma cortesia vuol che li ignori e aperto
avanti rifiuto. Quindi uopo fingendo
D'amichevol conforto e di fidanza
A sollevar del netto animo il pondo,
Con filial candor narra al buon vecchio
L'umile istoria de' suoi giovani anni,
E il foco instinguibile che incesto
Le virtù d'Eloisa e la bellezza
Han nel suo petto, e tutto dice — termine
Che rinnuoto ti sia.— Ben gli era nota
La folgorante onnestà e la dolce
alma di Sigismonda, e come i proprii

Si contendan sua destra e quella destra
Porti forte denture alte d' regno;
Ma poi che ogni tesoro e più che i troni
E' a lui la sua Eloisa — oh dolcezze
Sovvenir d' un bel sogno ! inutil culto ! _
Inutil no, giacchè sublima il core !

III

Nell' arduo calle della gloria i primi
Cautai passi d' Adello : or tratviolando
Sull' ali rapidissime del tempo,
Additerò sol come lampi i lunghi
Patimenti e le getta onde l' erve
Ai anni suoi segnalava.
                    Ugo, insultando
Delle città e de' vescovi e de' forti
Itali castellani a' privilegi
E schernendo i trattati ed impunita
La libidin lasciando e la rapacia
De' suoi baroni, acceso avea nel regno
Di civil guerra la veneranda face.
    Dal furor della plebe i reggi cuspi
Lacerati venian : le inveterate
Lance del sire offeso alla vendetta

Iracemente scagliavansi. Ammucchiati
I cadaveri ingombravano le strade,
Nè v'ha chi li sotterri: il pellegrino
Riede al natio villaggio e indizio appena
Del loco ov'ei sorgea trovali e mezz'arsi
Rottami delle pietre e pochi teschi –
Porte del padre e dei fratelli i teschi!

   Tal de' Lombardi era lo stato. Adello
De' ingrediati borghi e monasteri
In difesa accorrea: di lui, nemico
Più formidabil non avea il tiranno.

   Ma in breve quelle guerre han tratto all'imo
D'ogni misura la contrada: il mese
Della messe venia, ma il sol versata
La sua virtù fecondia astra ne' seni
Dell'ortica e del cardo, e da lontano
Il faggiasco villan piangea sul brando
Che a dì più lieti gli falciava i campi.

   Riede Borgundio. "Or tempo è di riporre
I nostri ferri agl' Itali doveri!"
E quà pottendo esercito calava
A sicura vittoria. Allora Adello
Vede la gran rovina: ad impedirla
Non è che la concordia, e alla concordia
Città rivali stringer sol può uno scettro.
Del nome suo l'autorità sopisce.

Gli odij, ei radduce le disparte insegne
Sotto la regia insegna. Or la salute
Dell'itala corona opride, e il guardo
Sulle colpe ond'è tinta nome non tolleri.

  L'impulso d'un eroe quasi un novello
spirto ne' pira diversi animi ha infuso.
Ugo, con maraviglia, in sua difesa
Color vede morir cui dianzi ha raso
Le castella o i tuguri; il crudo petto
A forza insanirasi; ambir la gloria
Parve di scancellar co' benifizij,
E con la giusta signoria le cieche
Ire sue prenca. Adello e altri guerrieri
D'onesta fama, sedi ebbero somme
Nel consiglio del re — ma quando preme
Fu de' Borgondi la sconfitta e salio
Novellamente il trono, ecco, al tiranno
Ombra fa il nome del suo prode, e al dritto
Favellar suo magnanima la taccia
Dalti ben tosto di ribelle orgoglio.

  Dicea vetuste cantiche il giudizeo
Scellerato ch'espulso ha dalla patria
Chi la patria avea salva.

             Andò il ramingo
Del veneto leone agli stendardi
E lor sacrò la spada sua. — I superbi
Ytolassi, già tempo avean le spiagge

Di Dalmazia predate e con la frode
Tolte di là tal venerando oggetto,
Che da secoli e secoli a fraterno
Pellegrinaggio i Dalmati adunava
E fece d'un ricco monitter la gloria:
Era la lancia d'un antico eroe
Che dal giogo pagano in molte pugne
Sottratto avea le natie valli. Il grido
Degli eccelsi miracoli, operati
Dalla reliquia di quel santo, al furto
I mal devoti Veneti sospinse.

   Ma intanto rotte più fiate e sempre
Rinascenti nell'ira e più tremende,
Di padre in figlio le tribù selvagge
Con giuramento avvincente al racquisto
Dell'onorata lancia o a eterna guerra.

   Un feroce lor capo, Ademaro,
Col manto di pio zelo, infesta il mare
D'incessanti, audacissime, incredibile
Piraterie. Su piccioli suoi legni
Di ladroni invincibili una turba
Ei radunò che d'uom fuorchè l'aspetto,
Null'altro serban; fama appo i lontani
Sparse ch'uomeni non erano, ma mostri
Prodotti dai nefandi abbracciamenti
Delle dalmate streghe e de' demoni.
Niuna legge li stringe altra che un voto.

Pronunciato col rito abbominando
Di libare in un calice una stilla
Di caldo ancor venato sangue — e il voto
E d'assalir qualunque veleggiante
Pien di San Marco, o scompagnato corra
O a torma, o debol scombri o picciolo;
E dalla pugna non restar ch'a elliete
O vincitori, ed a quelle anime atroci
Ogni porta è corto i nemici è ignota;
Ma tra loro mirabile è una gara
D'affettuosa e gratitosa e comunanza
Di beni e mali. Adrouar divide
Il bottin, più maggior parte a sè dona
Che al più abbietto compagno. In gozzoviglie
E in licentioso sprecari, non curanti
Tutti del pari, ogni tesor tettrochia;
Quand'armi e barche e attrezzi hanno, ed ai figli
E alle donne e ai feriti han proveduto.
Del bello impresa loro è la ventura,
E con tali atti di barbarie han tinto
Di strage l'onde, che il nocchier più ardito
Nell'adriaca laguna inoperoso
Pien le sue sarte, e venuta la voce
Dell'atterrito popolo s'innalta.
Perchè il furto l'ospii ch'a furor tratto
Ma di Dalmati il sento, e a loro altari
Con doni la fatale asta si renda.

Il senato assentì: né col ritorno
Della reliquia per mutar natura.
Non poté l'indomato avido spirto
De' bugiardi pirati: e con più angoscia
Pianse Vinegra le nuove onte, e mosse
Con alte navi e prodi capitani
Ad estirpar di qui malnati il Seme.

   Ahimè, che de' tuoi prodi il morir forte
Non giovò alla repubblica! In tai giorni
Di lutto universale, uno straniero
Sorge e il linguaggio degli eroi parlando
Raddùce nelle curve alme il coraggio.
Quello stranier pugnato avea sui pieni
Della sconfitta armata, e al valor suo
De' pochi avanzi si dovea lo scampo.

   Era Aldello! Il magnanimo senato
Plaude all'ardir del Cavaliero, un novo
Armamento decreta: Aldel le prore
Capitanando, alla vittoria corre,
E sepolcro i pirati ebber nell'onde.

   Favorita canzon del marinaro
Divenne questa istoria, e tutti i liti
D'Italia l'impararono, e ne' gioghi
Più segregati d'Apennino — allora
Che un dìr banditce all'ospite il festino —
Dice al suo vate: cantaci il bel nome.

Del vincitor de' Dalmati pirati.

   Memoria non resta delle tua gore
O degli affricati perchè Adel partito
Dalle bandiere del leone. Amalfi
Diede ospizio e onoranza al capitano,
E per lui prosperò: la terra e l'acqua,
Più d'una volta, del suo sangue, nutrito,
Ma insetto il vider sempre e più tremendo.
   Tacere quelle pugne e dirò il giorno
Che – tempo ora di pace e vincolato
D'Amalfi all'armi il brando ei non tenea –
Adel coll'oro suo recesse ai Mori
Che in Tunisi avean sede, e quanti schiavi
Potè redense. Il sacrificio ei compia
D'ogni suo aver perrochè morti estremato
Son gli adorati genitori, e il pio
Figlio all'anime lor schiudere il cielo
spera con opre che al Signor sien grate.
   Un dì secondi egli aspettava i venti
Per la reddita, ed ecco entra nel porto
Con festive urla un predator: parecchie
Sbarca gementi vittime e fra quelle –
Oh sorpresa! oh sciagura! Adel ravvisa
Un cavalier troppo a lui noto: è desso,
D'Eloisa lo sposo!
           Ai primi amplessi

(Ed oh quanti dolori in quegli amplessi!
Squarciân d'Adello il nobil cor! qual misto
D'antico gelosia, di riverenza
Per le virtù del Sir, di generosa
Compassion d'affanno immaginando
Le pene d'Eloisa in udir preda
Di scellerati masnadier lo sposo!)
Ai primi sfoghi di pietà, succede
L'interrogar sollecito dell'uno
E il racconto dell'altro.

   "Oh Adel compianta
E la sventura mia! Tu vedi il figlio
Del felice Uligiano, giù di castella
Sì ricco e d'armi, cui possenti treme
Di perfidi congiunti han da sei lune
Rapito ogni dominio. I figli miei
E lor misera madre (ah, poichè al duolo
Il tuo signore e mio, Giorgio soggiacque!)
Tu salvo a Nizza, appo mia suora addotti.
Ivi una notte una masnada irrompe
Di saracini. Io d'Eloisa, e quanti
Dolci pegni m'avanzano, la fuga
Combattendo proteggo; ad altura per loro
M'arride il Ciel! Ma, visto disarmato,
Carco di ferri io tengo. Anzi I mattina
calpan le collegate arabe navi:
Quasi di Spagna erano, quasi del Sardo e quali

Di quest'africo lito a me la sovrana
Lontananza toccò!

Premeva Arnaldo

Con viril forza il pianto: Adel compreso
Da tanta folla d'infelici e cari
Pensieri, il volto si copria e lasciava
Alle lagrime sue libero sfogo.
" E anche il mio antico sire è nel sepolcro!
Sì lunghi anni di gloria, e poi nel lutto
Morir miseramente! — ecco, empia terra,
Il guiderdon che alla virtù largisti! —
Ma no, delle onorate opre la meta
Non è il sorriso di mortal fortuna:
Amaro a' questi è il vivere, e beato
Solo qual dì che al mondo vil lo toglie! "
Così sclamava Adel, sazio de' giorni
Floridi, ma sterili di gioja
Ch'ei tratto avea, da quando allontanato
Erasi da Eloisa. E or par che tutta
Dia mal estinte ceneri ritorga
La giovenil sua fiamma: i detti, il volto
D'Arnaldo lo riportano ai remoti
Tempi del suo delirio. Ei vede i colli
Della Senna fioriti — il santuario
Ove la pia fanciulla iva sovente
A lagrimar sulla materna tomba —

L'inghirlandata barca con alta, ostesa
Sulle ginocchia di suo padre, al canto
Talor scioglica la voce; e talor l'inno
Era d'Adello, e allor della donzella
Più timido era il canto e più pietoso.

Chi pensa Adel, tua nobil alma? I campi
E le rische di Arnaldo avvivrai col brando
Al racquistar pe'figli suoi? ma in ceppi
Ei qui rimansi squallido, languente
E'il suo sembiante. Il duol forte e la dura
Servitù in breve troncheranno il filo
Di quella vita..... Libera Eloisa?
Oh pensiero infernal! Ma nella mente
Anche di giusti, sfolgora i suoi foschi
Lampi l'inferno —e più son giusti appunto
Perchè talvolta eguali a'rei son quasi,
Ed allor non soccombono, e con ardue
Sforzo sopra il mortal fango s'inalzano.

D'altri schiavi al riscatto ogni tesoro
Sia mia constante Adello, al predatore.
D'Arnaldo in cambio, egli offrei. Accettato
Venne il partito, perocchè egro il preme
Schiavo parea, e salute e forte spira
Del novel la pristina. Il sir francese
Quelti motte ignorava, e i suoi voraci
Crucci addoppiava l'esser contrio, ahi troppo!

Degli affetti d'Abdello. Alta è la stima
Che la virtù dell'italo gli desta,
Ma pur già sorge nel futuro, accanto
Alla donna (e ancor bella era Eloisa)
Il rival cavaliero, e quella stessa
Virtù che in esso ammira è il suo spavento.
  Ma oh come, in sì medesmo ei si vergogna
Di sì bassi concetti, allor che toglie
Fede a sì le catene, ed alle braccia
Poste d'Adel!
   " Che fia? Noi mai! Sublime
Intanta, Adel, sua infanzia è quella! informi
Giorni redimer di chi tutte ha tronche
Le vie in risuscitarti è così all'uno
Cadde che d'ogni grande atto la speme
Da fortuna gli è tolta — e invece i giorni
Preziosi immolar di chi seconde
Tutte ha le sorte e per la gloria vive! —
  " Arnaldo, i pregi tuoi taccio che tanti
Ti fer sempre a miei guardi, or sol rammento
Quanta importanza i giorni hanno di chi i sacri
Titoli vesta di marito e padre:
Appo tal, nulla i la deserta vita
Di chi solingo passeggia la terra —
E tal son io — di chi, s'allegri o gema,
Niun bea il suo riso e niun piange al suo pianto."
  Volea toggiunger l'altro. Adel temendo

E' aver con tristi versi intendito
Il suo rivale e forse inapodetato
Della Stanza deleste alcun il segreto,
Apre un gentil terreto e _ Va, gli disse,
A consolar la tua dolce famiglia;
Cara nostra primiera esser de questa:
Indi per me non t'affannar: lontane
Non son l'itale Sponde, e in si egregi
Cuori mi fean di loro amistà dono,
Che in me certezza è la lor gara al pronto
Riscatto mio.

                    Io, generoso Abello,
Che in sua nuove tempeste Ugo invocava
Il braccio tuo, so che anche Vinegia
Di ritorti ad Almalfi e che in ciascuna
Itala signoria forte la brama
Di possederti a suo campione: ma riporti
Di fortuna a capricci, ah no, non posso!
Sol cederti se in mia balia fosse irsi
Il suo pronto riscatto: oh, mio ti dissi
La mia piena miseria! »

                    Uopo ad Arnaldo
Il ceder fa. Parti dalla primiera
Crittiana prora: agli itali l'annunzio
Esso, con altri dall'eroe redenti,
Portar di questo fatto. Onor parea
Stringer più d'una terra alla salvezza

Del guerriero in catene / il sir franzese
Non osò dubitarne / Adello stesso /
Perchè severo d'orgoglio, aver sul questo
Anima altrui credea qualche dritto —

    Tutti obbliamo il mistero / Quante aurre
Le afriche solitudini l'han visto,
Con abbietti compagni ad opre abbiette
Sotto varj tiranni i suoi sudori
Spargere oscuramente — ed ecco ancora
E stir per gl'infelici, a alleviando,
Con gravezza te stessa, i lor dolori,
O al ratteguido tuo religioso
Senso le sciagorte altrui estollendo.

    Chi ai Pirenei il tardo inaspettato
Presso porti del cavaliero ? Un messo
Che dalle rocche vien d'Arnaldo. Il sire
Fedeli collegganze e alto valore
Niccodetto bandio a' suoi domini e a tutta
La paterna sua gloria.

                Adello è asceso
Sull'ospital unriglio; al marsigliese
Porto si veleggia. Oh come dir la gioja,
La gratitudine che il bel cuore inonda ?
Come i diversi palpiti applaudendo ?
Vai sul cortier veloce alle castella
Del suo benefattore e d'Elvira

Senza pietà traendo ?
     Ei giunge : incontro
Meraviglii il Sire d'Eloisa e i figli
Figli di quell'imen, pur cari all'alma
Gentil ? Bello !) Mutui i commiscenti
Detti suonano e i teneri singhiozzi
E la sincera nobil lode. Ma riso
Del ciel parea per qui mortali eletto
Aver portato sulla terra il gaudio
Che dal suo trono Dddio raggia ai beati !
   Ma quel foco di vita che nel ciglio
Brillava ad Eloisa, insolito era .
Da lungo tempo in essa è illanguidito
Il fior della salute ; Ad ei s'accorse
Ch'ella reggeasi con fatica ; e intende —
Che nella notte in che da Nizza a fuga
Ella errava coi figli, un dardo colse
Leggermente un di questi ; ahi velenato
Persi era il dardo ! Al bambino da orrenda
Crescente piaga si struggea : la madre
Quella piaga lambendo al figliuol suo
Crede render la vita e, ohimè, s'illate !
Sotterra è il pargoletto, e da quel tempo
Ad stento l'arte di alleviar e i voti
Appesi sugli altari e i benedetti
Maravigliosi farmachi al dolente

Sui dell'eroica madre addur novella
Sembran vigor.
                    Ben tosto Adel conobbe
Che sol gli affetti abitavan un breve
Lorosu rossor in quelle guance. Il dolor
Soggiorno alcun mete ci protrasse.
Appo gli ospiti amati e con Arnaldo
Il timor alternava e la speranza
Per l'egra donna — Ahi lasso! inferocita
Rapidamente il morbo! — Adel sul letto
Di morte la mirò. Tutta obbliava a
Ei sua virtù: chiedea ragione al cielo
Dei mali onde a gran fiotti il mondo cumula
Ch'egli ha creato, e in quegli orrendi fiotti
Indistinto sobbissa e il buono e il reo.
    "Oh Adel (riprese la morente — e fare
Questi gli ultimi accenti) oh Adel, ritraggi
La insemesta parola! E il duol cumento
Ove Dio prova degli umani il core.
Se a egregi fatti i lunghi sacrificj
Portaron; nè t'incresca! e parser lunghi;
Ma come stral per l'aer fugge quest'ombra
Ch'uom vita appella e salda cosa estima!
Nè infelice è chi muor, ma chi morendo
Guarda gli anni volati ed alcun orma

Da lui lasciata di virtù non trova ! „

  Voce a Eloisa allor tramontò : sorrise,
Strinse al seno i figliuoli, all'onorato
Sposo si volse —e dir paria — Ca' figli
Adel ti raccomando ... — e più non era .

  Così passò la santa . __

       Incerte storie .
„ Narrano d'un Adel ch'appo i Toscani ,
Dopo quel tempo, gli nemici sconfisse :
Forse era il vostro eroe , forse in più getta
Ancor brillò la gloria sua . Ma il vate
Che del sepolcro suo cantò, non dice
Se non che vecchio Adel morì e morendo ,
Perdonando agl'ingrati , e ripetendo
Quei detti d'Eloisa : " E il duol cimenta
Ove Dio prova degli umani il core :
Rì'infelice è chi muor, ma chi morendo
Guarda gli anni celati ed alcan'orma
Da lui lasciata di virtù non trova ! „

     ―――――――

Note

..... sui colli

Della S'onna fiorite e sulla Rocca

Incisa Dominava.

V' è presso Lione sulla riva della Sâone, una rupe che ritiene il nome di Pietro incisa.

"In che di giusti nacque è onnipotente ...

Sotto la contesta tenebra avrei per iscopo morale questa verità:—
che non vi più grande stimolo alla virtù ti è l'esempio di persone
irreprensibili, e quando il desiderio di emularne coi loro fatti le loro
eccellenze — che nella pattuizione in lotta col dovere, quanto più d'se si sacrificarle a questo è tollerato, tanto più l'amore che compie questo
sacrificio ha luogo in apposito di congratulazione, trovandosi nobilitato ai proprij riguardi e più capace di grandi azioni — che
finalmente sulla terra il premio delle virtù è spesso l'ingratitudine degli uomini, e la Scrittura, al giusto sono abbondevole com-
pensa la sua fama, il testimonio della buona coscienza, e la pace
e le speranze con cui egli solo può scendere nella tomba.

..... io la grand'ombra

Di Berengario a vendicar mi reco.

Berengario I, dopo gl' infelici successi della tua guerra con
Rodolfo fu assassinato a Verona da alcuni congiurati, capo

i Filibustieri, annoverasse di pochi audacissimi ladroni, divennero il terrore di navigatori europei, a segno di tener talvolta interrotte le comunicazioni della Spagna colle sue colonie americane.

— Al tempo l'arte di Salerno...

Nel secolo X. Salerno era già famosa per la sua scuola di Medicina. (V. il Frabetti?)